Collana Discese

2023 nuova **PALOMAR** Editrice

By ass.ne Cultur. L'Altra Voce

http:/www.nuovapalomar.it

mail: editricepalomar@gmail.com

ISBN: **9788899601669**

Edizione rivista, ampliata a tiratura limitata

BRUNO CIARI

I MODI DELL'INSEGNARE

Saggi scelti

introduzione a cura di Laura Marchetti

Testi di:

Liliana Vernole, Giuseppe Dimattia,

Giuseppina Boccasile

NUOVA PALOMAR

INDICE

"Sarebbe agevole e quanto mai produttivo
a mio giudizio, pubblicare
una nuova edizione del
libro di Ciari, con soltanto minori ritocchi e
aggiornamenti per la scuola di oggi"
A.Visalberghi, 1980

Laura Marchetti

Omaggio a Bruno Ciari, maestro

1. *Le radici*

Ciò che conta veramente nell'insegnamento è lo "stile" dell'insegnante, la sua umanità, la sua passione per la conoscenza, la sua capacità di parlare ed ascoltare i bambini, i giovani. I grandi maestri si definiscono per questo, per una pratica dell'educazione che è trasposizione e narrazione della vita, a cominciare dalla propria vita.

Bruno Ciari fu, in questo senso, un vero maestro[1]. La sua qualità umana viene ricordata, fra gli altri, da Fiorenzo Alfieri che, in apertura di un Convegno alla memoria organizzato dall'Istituto Gramsci quindici anni dopo la morte, individua nelle modalità della sua esistenza, nella sua affettività, nell'impronta della sua formazione giovanile, "l'impalcatura di tutta la sua operatività politica ed educativa"[2]. Innanzitutto la fedeltà all'origine, da una famiglia poverissima e di fede comunista, in cui spiccava una figura intensa di madre che, nonostante i dolori e le

---

[1] Così lo chiamano R. Laporta in *Bruno Ciari maestro*, in «Scuola e Città», 1970, 10; G. Rodari in *Un amico, un maestro,* ne «Il Giornale dei genitori», 1970, 10-11; G. Bini, in *Bruno Ciari, un maestro*, in «Riforma della Scuola», 1970, 8-9.

[2] F. Alfieri, *Ricordando Ciari,* relazione di apertura al Convegno organizzato dall'Istituto Gramsci di Bologna "Bruno Ciari quindici anni dopo" in «Cooperazione Educativa», giugno-luglio 2006, 6-7, La Nuova Italia, pp. 13 ss. Bruno Ciari nasce a Certaldo nel 1923 e muore nel 1970, improvvisamente.

difficoltà, "Bruno non vide mai piangere se non quando ritornò con la camicia rossa dalla guerra partigiana". La madre, una domestica analfabeta, fece di tutto per farlo studiare riuscendo a fargli avere il titolo di maestro. Ciari lo conseguì da autodidatta, non sopportando la frequenza a scuola, che gli impediva di seguire le sue passioni culturali, e che gli impediva soprattutto di "nuotare nei libri": libri di scienza, di letteratura, di arte, di politica; libri che affollavano ogni angolo di casa sua, il tavolo, il letto, perfino il pavimento; libri con cui aveva un rapporto vitalissimo, "persino fisico"[3], che si faceva prestare dagli amici o che cercava nella biblioteca di Certaldo in cui praticamente viveva, e in cui rimaneva fino a tarda notte per discutere di storia e di filosofia con tutti gli abitanti del paese. Una pratica di formazione che evidentemente gli rimase impressa anche negli anni successivi, anche quando ormai adulto, già assessore alla Pubblica Istruzione del Comune, si dedicò alla cura particolare di quella biblioteca (che oggi porta il suo nome), per trasformarla a tutti gli effetti in una casa della cultura dove si organizzavano concerti, seminari, corsi di aggiornamento per gli insegnanti, dibattiti di varia natura, e dove si metteva in cantiere quel modello di "scuola decentrata" che fu poi il cardine della sua proposta educativa ed organizzativa.

Quella biblioteca era odiosa per i fascisti locali. In quel luogo dove Ciari professava il suo amore per le parole, quelle parole che ispirarono in seguito le sue esperienze didattiche più innovative (la tipografia, la corrispondenza), fra quelle letture individuali e quelle discussioni collettive, Ciari andava elaborando la sua scelta comunista e antifascista raccogliendo intorno a sé un gruppo di stu-

[3] In quegli anni - scrive Alfieri - Ciari "imparò a memoria una quantità incredibile di poesie, di opere liriche, di riferimenti storici, filosofici, scientifici e per il resto della sua vita dovette spiegare a chi mostrava stupore per la sua prodigiosa memoria che egli aveva imparato al momento giusto, perché gli interessava davvero farlo e non perché gli insegnanti glielo avevano imposto" *(Ibidem)*.

denti e di lavoratori con cui organizzava una serie di azioni di propaganda contro il regime, subendo per questo l'arresto e le brutalità dei gerarchi locali: fino all'8 settembre, quando, a vent'anni non ancora compiuti, decide di partecipare direttamente alla Resistenza e va a combattere sui monti con il nome di David nella Brigata partigiana "Spartaco Lavagnini"[4]. Fu questa una scelta politica che, come confessò alcuni anni dopo, mai avrebbe avuto il coraggio di fare, data la sua natura poco incline alla violenza e alla guerra, se non avesse ascoltato a Firenze, negli anni precedenti al '43, le lezioni di Ernesto Codignola, un altro maestro, un "Maestro nel senso grande e autentico della parola", capace di "suscitare nei giovani un travaglio interiore di ricerca, di lenta maturazione, di costruzione del vero", e capace di spingerli "a cercare la interiore libertà, ad affermarla ad ogni costo, a non venir meno alla profonda coerenza tra quel che si crede e quel che si fa"[5], Codignola insegnava la pedagogia ma insegnava soprattutto la saldezza del pensiero e la sua congruenza con l'azione: cosa che rimase indelebile nella personalità di Ciari anche dopo la liberazione, anche quando cominciò a insegnare, senza mai trascurare l'impegno politico e sociale, prima come segretario della locale sezione del PCI e poi come consigliere comunale e assessore a Certaldo[6]. La radice proletaria e la lotta antifascista, rimasero sempre nell'orizzonte della sua attività educativa, nel suo modello di scuola improntato ad una educazione civile, il cui fine ultimo doveva essere sempre un fine sociale, il fine della

---

[4] L'esperienza 'partigiana di Ciari è riportata con intensità da Marcello Masini nel volume di AA.VV., *Lo strano soldato. Autobiografia della Brigata Garibaldi "Spartaco Lavagnini"*, La Pietra, Milano 1976.

[5] B. Ciari, *Testimonianze*, in «Scuola e Città», 1965.

[6] L'esperienza di amministratore di Ciari, ricavata dalle numerose delibere che, dal 1952 al 1960, contribuì a fare approvare, è raccontata da E. Catarsi in *L'assessorato al Comune di Certaldo*, in «Cooperazione educativa», 1980, 11. Sempre di E. Catarsi si veda *Bruno Ciari educatore di Certaldo* (1923-1970), in «Miscellanea Storica della Vladelsa», 1980, LXXXVI, che contiene, in Appendice, una bibliografia completa degli scritti di Ciari. Catarsi è anche direttore del "Centro Studi Bruno Ciari",

"formazione di una coscienza democratica e nazionale che trovasse il suo lievito ideale nei valori della Resistenza e nella Carta Costituzionale che ne è conseguita"[7].

2. *La "didattica operativa" e l'incontro con il Movimento dell'Ecole moderne*

L'esperienza della Liberazione, la voglia di ricostruzione, il rinnovato senso di comunità, l'ansia di riscatto sociale, rendevano l'Italia degli anni '50 un Bel Paese, fervido di speranze e ricco di fermenti politici, morali e culturali. Firenze poi viveva un momento particolarmente felice, grazie all'intensa attività di pedagogisti come Raffaele Laporta, Lamberto Borghi e soprattutto, come abbiamo detto, Ernesto Codignola, che, dalla Facoltà di Magistero dell'Università, promuoveva "scuole nuove"[8], nuove forme associative fra gli insegnanti"[9], e nuove proposte teoriche e pedagogiche, fra cui, particolarmente rilevante,

---

[7] B. Ciari, *Educazione civile e Costituzione,* in «La Didattica di Riforma», 1998, 9.

[8] Ernesto Codignola aveva collaborato con Gentile alla riforma scolastica del '23, muovendosi nell'orizzonte idealista. Già negli anni 30 aveva preso però le distanze politiche e teoriche dall'attualismo, come è evidente in uno dei suoi scritti più importanti, *Avviamento allo studio della pedagogia,* del 1938. Dopo la liberazione, ispirandosi al pensiero del grande pedagogista svizzero Pestalozzi ma anche alla esperienza della "scuole nuove" del '900 (fra cui a la "Scuola Serena" di Giuseppe Lombardo Radice), aveva introdotto anche in Italia i metodi attivi, fondando a Firenze la Scuola-Città Pestalozzi: "più che una scuola una comunità di lavoro... una collettività che si educa da sé all'autogoverno imparando l'esercizio della libertà col sottomettersi spontaneamente alla propria legge" (E. Codignola, *Le scuole nuove e i loro problemi,* La Nuova Italia, Firenze 1946 (con un'appendice di Aldo Visalberghi nella seconda edizione). Di Codignola si veda anche *Educazione liberatrice,* La Nuova Italia, Firenze 1947.

[9] Come i CEMEA, i *"Centri di Esercitazione ai Metodi dell'Educazione Attiva"* - nati grazie a Rita Fasolo, partigiana nella Resistenza e collaboratrice di Codignola - , delle colonie di vacanza che utilizzavano largamente le attività manuali, promuovendo la libera espressione dei bambini, secondo un modello didattico che tentavano di estendere anche alla scuola pubblica. Ne fa una analisi Idana Pescioli in un articolo *(Per la storia della scuola di base degli anni 50, in* «Cooperazione Educativa», 1981, 11-12, pp. 16 ss.) in cui, fra l'altro, sottolinea l'importanza della presenza femminile nella cooperazione educativa, presenza di pedagogiste e soprattutto di tante maestre (Lydia Tornatore, Margherita Maltoni, Anna Fantini, Dina Parigi, Nora Giacobini, solo per citarne qualcuna) in un certo senso oscurate dai maestri maschi più celebri ("come Ciari, Lodi, Bernardini, per l'appunto tutti uomini: quasi a segnare, ancora una volta con la divisione dei sessi, da una parte la pratica e dall'altra la teoria della pratica", p. 19).

quelle legate a Célestine Freinet, maestro provenzale, che Codignola invitò nel 1950 a tenere due seminari presso la "Scuola-Città Pestalozzi" e di cui pubblicò su «Scuola e città» due articoli *(Le vie tecniche e La stampa periodica per l'infanzia)*, favorendo così la diffusione delle sue idee e soprattutto delle sue pratiche didattiche e organizzative anche in Italia[10]

Pressoché sconosciuto nel nostro Paese, Célestine Freinet era invece celebre in Europa dove aveva contribuito non poco alla nascita della "pedagogia popolare" e al rinnovamento democratico della scuola. Negli anni '20 e 30 aveva elaborato in Francia un modello di "didattica operativa"[11], sperimentandolo nella sua scuola di Vence, fondata nel 1935 dopo l'allontanamento per motivi politici dalla scuola pubblica: una *"scuola vivente"*, liberata dalle nozioni, dalle lezioni e dai manuali "che distruggono il pensiero, asserviscono i maestri e frazionano l'unità della persona"[12], in cui aveva accolto soprattutto i monelli diseredati o i figli dei profughi politici della guerra di Spagna. Qui questo maestro - fra l'altro maestro afono per una tubercolosi mal curata, il quale doveva far parlare e rendere attivi gli allievi piuttosto che parlare lui stesso[13] - aveva

---

[10] Ernesto Codignola aveva già fatto conoscere (per primo in Italia) la proposta didattica di Freinet nel 1946, in *Le scuole nuove e i loro problemi*, cit., pp. 28 ss. Egli continuò a divulgarla, pubblicandone le opere attraverso La Nuova Italia, la straordinaria casa editrice che aveva fondato nel 1945, che svolgerà un ruolo importantissimo per la diffusione a livello internazionale delle proposte pedagogiche dell'attivismo e del pensiero pedagogico laico e democratico.

[11] Come la chiama G. Tamagnini, traduttore di Freinet, in *Didattica operativa*, ed. MCE, Macerata 1965.

[12] La critica alle nozioni e ai manuali è stata più volte sostenuta da Freinet nei primi articoli della Rivista *«L'Ecole èmancipèe»* e riportata da Elise Freinet in C. e E. Freinet, *Nascita di una pedagogia popolare*, La Nuova Italia 1963, con prefazione di Giuseppe Tamagnini, pp. 35-39.

[13] Freinet e Ciari hanno, in un certo senso, due vite parallele. Nato in Provenza da una famiglia proletaria, Célestine Freinet (1897-1966) studia mentre lavora come pastore e contadino, spinto anche lui da una madre amorosa e intensa. Ferito in guerra rinuncia alla pensione di invalidità e va a insegnare in una piccola scuola di montagna. Vigilato speciale durante l'occupazione tedesca, aderisce alla lotta partigiana con i *maquis*, nonostante la salute precaria, continuando anche qui a lavorare per i bambini e per l'educazione: nell'ottobre del '44 riunisce tutti i Presidenti dei Comitati di Liberazione

ideato una serie di tecniche di base e di materiali (dalla tipografia al testo libero, dalla corrispondenza allo schedario) volte a riformulare in senso attivo l'insegnamento nozionistico e idealistico, a orientarlo verso la ricerca, e il rispetto della libera espressione dei bambini ma anche a orientarlo in senso democratico e cooperativistico, verso una pedagogia della liberazione degli oppressi che diventava una pedagogia della liberazione umana. Pedagogia i cui principi Freinet formalizzò non solo nei suoi libri - fra i quali ricordiamo *La scuola del popolo* e *Le mie tecniche*[14] - ma anche in una concreta attività di organizzatore che lo portò a fondare prima in Francia, nel 1928, la C.E.L (*la Coopérative de l'Einsegnement Laic*) e poi l'I.C.E.M. (*Institut Coopératif de l'Ecole Moderne),* e infine a dare vita ad un movimento di insegnanti — la F.I.N.E.M., la *Fédération Internationale des Mouvements d'Ecole Moderne* — diffusosi presto in tutto il mondo (oggi soprattutto in America latina dove si è ben sposato con la "pedagogia degli oppressi[15].

Il Movimento dell'*"Ecole moderne"* - "un movimento che voleva mutare la scuola e la società, il bambino e l'umanità"[16] - fu introdotto in Italia da una avanguardia di insegnanti che si erano opposti al fascismo, "pionieri dell'educazione nuova che volevano trasformare la vecchia scuola gentiliana che aveva "educato" generazioni di giovani all'obbedienza e al culto della forza e della violen-

---

per rivendicare le connessioni fra il rinnovamento della scuola e quello sociale. L'odio per la guerra e il valore del lavoro diventeranno l'asse della sua pedagogia (C. Freinet, *L'Education du travail,* ed. Delachaux, Neuchetel 1934); una pedagogia densa di riferimenti teorici (da Montaigne a Rousseau, da Claparède a Ferrière a Pestalozzi) ma vivificata dalla pratica, dal rinnovamento dei metodi e delle tecniche: "tecniche di vita", dinamiche, elastiche, in grado di sostenere una "scuola creatrice e vivente immersa nella vita" (C. Freinet, «*L'Educateur,* maggio 1954, 15).

[14] C. Freinet, *La scuola del popolo,* Editori Riuniti, Roma 1973; Id., *Le mie tecniche,* La Nuova Italia, Firenze 1969.

[15] Su Freinet si veda Aldo Pettini, *Célestine Freinet e le sue tecniche, D.D.C.U.,* Firenze 1968; *Eynard R. Freinet e le tecniche cooperativistiche,* Armando, Roma 1968; sulla diffusione internazionale dei Movimenti ispirati all'opera di Freinet si veda R. Rizzi, *la Dimensione internazionale della pedagogia Freinet,* in «Cooperazione Educativa», 1984, 5.

[16] Come scrive G. Bini, in *Pedagogia attivistica in Italia,* Editori Riuniti, Roma 1971.

za"[17] e che tentavano, in opposizione alla pedagogia ufficiale di stampo idealistico o confessionale, di introdurre nella scuola, nei comportamenti educativi di ogni giorno, le positive tensioni conseguite al sorgere della democrazia, i principi di libertà, di solidarietà, di partecipazione che erano a fondamento della nuova vita civile. Capeggiati da Giuseppe Tamagnini e da Anna Fantini , essi avevano dato vita nel 1951, ispirandosi ad une delle più celebri tecniche di Freinet, alla *"Cooperativa della Tipografia a Scuola"* (CTS), una organizzazione di insegnanti ed educatori aderente alla FINEM[18],

Bruno Ciari, che da poco aveva cominciato a insegnare in una piccola scuola elementare vicino a Certaldo, entra in contatto con la "Cooperativa della Tipografia a Scuola" verso la fine del 1952 e contribuisce, con Aldo Pettini e Giuseppe Tamagnini, a costruirne la piattaforma teorica ed operativa, riuscendo anche, nel 1957, ad impedirne lo scioglimento facendola confluire nel *Movimento di Cooperazione educativa*[19]. Per quella comunità egli aveva trasformato la sua grande aula, con la sua tipografia, il suo angolo per le attività espressive, i suoi acquari, i suoi terrari, i suoi schedari autocorrettivi, il suo tavolo di chimica, la sua biblioteca, in un *laboratorio* di sperimentazione, diventando un punto di riferimento sia per la "scuola militante", sia per la ricerca pedagogica a cui offriva un modello in carne ed ossa, colmando così una separazione fra il pedagogista teorico dell'educazione da una parte e dall'altra l'insegnate applicatore, in nome di un *insegnante ricercatore* che sperimenta nel fare didattico gli strumenti teorici[20]. È questo un insegnan-

---

[17] M. Lodi, *Quando i maestri erano pionieri*, in «Cooperazione Educativa», 1985, 6, p.12.

[18] Al proposito, A. Pettini in *Origini e sviluppo della cooperazione educativa in Italia. Dalla CIS al MCE* (1951-1958), Emme ed., Milano 1980.

[19] G. Tamagnini, *La preistoria della CTS,* in «Cooperazione Educativa», 1981, 11-12. In questo stesso numero anche di A. Pettini, *Il movimento ha trent'anni. Per la storia del MCE.*

[20] Gli rende questo riconoscimento Aldo Visalberghi in *Bruno Ciari per il rinnovamento del sistema scolastico,* in «Cooperazione Educativa», 1980, 11-12. Sulla necessità che la pedagogia si intrecci sempre alla "scuola militante" parla diffusamente Franca Pinto Miner-

te che ha radici in quel volersi *praticien* dell'educare che Freinet aveva rivendicato e che non rimane mai isolato ma si apre al confronto con gli altri insegnanti, intendendo il laboratorio non solo come luogo fisico, aula aperta, ma come un metodo, un metodo che travalica la classe e che si estende agli Insegnanti ricercatori che si confrontano con le esperienze e cooperano fra di loro.

La *cooperazione educativa* è infatti il tema centrale della riflessione di Ciari e della sua esperienza in questi anni. È, possiamo dire, la parola che declina il senso del suo comunismo. Essa mobilita i cardini dell'apprendimento, ma anche dell'insegnamento, avviando un discorso originale sia sui bambini, sui ragazzi, affetti (allora e oggi di nuovo e sempre più) dall'individualismo e da una compulsione alla competitività e alla gara, sia sugli insegnanti, isolati e congelati in una individuale quanto vuota autorità. Agli insegnanti, dice Ciari, manca l'aggiornamento, non l'aggiornamento metodologico o didattico, l'arricchimento in ricette empiriche da spendere in classe in qualsiasi modo e in qualsiasi atmosfera come vuole un cattivo didatticismo. Agli insegnanti manca l'aggiornamento su una nuova maniera di essere educatori, di intendere la scuola e la società. La cooperazione è allora una modalità antiaccademica di aggiornamento che invece ribadisce che l'insegnare non è un atto isolato né una condizione neutra e fornisce un orizzonte più ampio, un orizzonte politico alla maniera di Platone e di Marx, che, per gli insegnanti che si richiamano a Freinet, è il rinnovamento della scuola come della società.

Anche le tecniche non possono sottrarsi a questo orizzonte, neanche quelle più nuove, anche quelle ispirate a Freinet. Il testo libero, l'animazione, la tipografia, la corrispondenza — che Ciari propone ai maestri in *Le Nuove tecniche didattiche,* raccontando la sua viva esperienza nella

---

va anche nel recente *La scuola dell'infanzia* (coautore F. Frabboni, Laterza, Roma-Bari 2007).

classe - non sono mezzi, procedimenti, fredde strumentazioni meccaniche; non sono "un armamentario di piccole ricette", né sono "espedienti più o meno ingegnosi", né tanto meno "procedimenti neutri che possono stare indifferentemente al servizio di Dio o di Satana[21]. Esse sono invece "*uno spirito*" - "lo spirito di una volontà di cooperazione fattiva che si concretizza in un ininterrotto processo di miglioramento e di liberazione umana"[22] - e sono "valori": non nel senso che stanno al servizio di certi valori ma nel senso che sono esse stesse i valori, "valori che non esistono affatto "per sé", come nell'iperuranio platonico, ma che si realizzano nella concreta vita della scuola"[23], Così quando il maestro "fa parlare il bambino" non usa solo un espediente per metterlo a suo agio, ma gli fa sperimentare il "valore" del vivere secondo sincerità e senza ipocrisia; e quando lo fa esprimere attraverso il testo libero o il disegno, non si aspetta solo di aumentare l'efficacia dell'acquisizione linguistica o artistica, ma di promuovere in lui il "valore" della libertà di pensiero; e quando impegna la classe in una corrispondenza con altre classi, magari di altre città o nazioni, lo fa non solo per ampliare le conoscenze del bambino, ma anche per dargli il "valore" della pluralità di storie e di culture, costringendolo a guardare il mondo attraverso l'amicizia e il confronto con l'alterità; così come quando fa usare la tipografia trasmette indirettamente il valore della democrazia: la tipografia è infatti *in sé* democratica, realizza un tipo di rapporti sociali che implicano una determinata concezione del mondo, rappresentando il bambino operaio che si sporca mentre scrive, che ricompone il lavoro manuale e il lavoro intellettuale, che collabora con gli altri bambini, che cioè costruisce nella comunità il senso e la parola.[24]

---

21 Ciari, *Le nuove tecniche didattiche*, cit., p. 15.
22 Ivi, p. 14.
23 Ivi, p. 17.
24 Ivi, pp. 112 ss.

Le tecniche sono dunque valori che devono portare nelle classi "non il tecnicismo ma il soffio caldo della vita[25]. Una affermazione dirimente e dirompente, forse il più alto punto di innovazione e di coraggio di Ciari. Fu infatti l'asse della sua personale e originale recezione di Freinet e il suo contributo più notevole all'MCE a cui chiese, in fase costitutiva e per sempre, di fare luce sulle motivazioni ultime, oltre che sulle pratiche. E fu anche l'orizzonte del suo marxismo critico, della sua personale e originale recezione di Gramsci e di Marx, ciò che lo rese protagonista di una polemica interna al suo stesso partito che, prima in Francia, poi anche in Italia aveva rivolto ampie critiche ai Movimenti cooperativi e "a quei maestri che cercano di introdurre nella scuola elementare sistemi di insegnamento moderni, partendo dal cosiddetto sistema Freinet", come stigmatizzò, in un famoso Comitato centrale del 1955, dedicato alla scuola e, in generale, ai problemi educativi, Mario Alicata, uno dei più intelligenti ma anche dei più "ortodossi" intellettuali del Pci.[26]

Ad Alicata, che pur ammettendo "l'importanza di questi tentativi", e pur redarguendo coloro che su questo "non vogliono neppure aprire una discussione", respingeva «ogni tentativo di dare ad intendere che basta questa via del metodo e delle tecniche per arrivare al rinnovamento della scuola italiana", Ciari replicava con l'importante articolo *Tecniche e valori*, il primo dei molti pubblicati sulla Rivista del MCE, «Cooperazione Educativa». Qui ribadiva che le tecniche Freinet erano *"tecniche di vita"*, tecniche efficaci e valide non solo "perché corrispondono a esigenze espressive, motrici e di comunicazione esistenti nel fanciullo", ma anche perché "determinano nei fanciulli un senso concreto della libertà e, pro-

[25] Ivi, p. 78.
[26] La relazione di Alicata, pubblicata nel 1955 dall'Istituto Gramsci, è ora nel volume M. Alicata, *La Riforma della scuola*, Editori Riuniti, Roma 1956.

gressivamente, una sempre più alta apertura sociale e morale suscettibile di estendersi a gruppi umani sempre più vasti". In esse perciò si attuavano "una serie di finalità e valori che il fanciullo non possiede di per sé" e che eserciterà da cittadino e da adulto perché avrà acquisito "la libertà della mente, l'attitudine a lavorare collettivamente, il rifiuto del conformismo, della grettezza morale, dell'immaturità sociale". Perciò chi le usa "rigetta con forza l'accusa di tecnicismo, insieme a quella di utilitarismo", nutrendo invece "finalità ideali nella concretezza"[27].

L'accusa continuerà invece ad aleggiare, tanto da costringere Ciari a rispondere nuovamente in un intervento appassionato del '62, questa volta su «Riforma della scuola»: non è certo per baloccarci con le tecniche, con gli espedienti, coi mezzucci, che noi abbiamo dedicato un decennio della nostra vita alla ricerca pedagogica. Questa sarebbe una cosa avvilente e senza significato. Mi richiamo alla esperienza di chi, come nel mio caso, è tornato dalla montagna, reduce dalla lotta partigiana, reduce da una lunga lotta antifascista e quindi pieno di ideali. Quando questi (io e gli altri) li abbiamo voluti portare nella scuola come un contenuto da trasmettere in forma diretta ed immediata, abbiamo visto che la cosa non funzionava, che l'esito non era soddisfacente. Proprio da questa esperienza abbiamo ricavato la determinazione di ricercare come certi contenuti possono essere pedagogicamente elaborati e diventare effettivamente la sostanza educativa, patrimonio dei nostri ragazzi[28].

3. La querelle metodi-contenuti. Il marxismo critico

La polemica con Alicata fu dolorosa perché di Alicata Ciari era compagno di partito e stretto collaboratore. Assieme all'attività politica svolta nella sezione del PCI di Certaldo di cui era stato segretario, egli aveva infatti assunto un impegno politico nazionale, sia nell'Istituto

[27] Ciari, *Tecniche e valori, in* «Cooperazione Educativa», 1955, 5.

[28] B. Ciari, *Non è possibile separare una nozione dal metodo per acquistarla*, in «Riforma della Scuola», 1962, 6-7, ripubblicato in *La grande disadattata*, Editori Riuniti, Roma 1973, pp. 287-288.

Gramsci (di cui appunto Mario Alicata, in qualità di responsabile cultura del partito, era supervisore), sia attraverso la collaborazione (dal 1956 fino al 1970, anno della morte precoce) alla rivista di pedagogia marxista la «Riforma della Scuola» fondata da Dina Bertoni Jovine e da Lucio Lombardo Radice. Questa Rivista interpretava lo specifico del marxismo italiano, rappresentato più dai marxisti che da Marx, di cui, fra l'altro, non si conoscevano ancora le tesi sull'umanesimo, sul carattere anche culturale della rivoluzione, nella prospettiva dell'uomo onnilaterale , l'uomo "cacciatore, pescatore, artista e critico" dei *Manoscritti,* l'uomo che avrebbe fatto risorgere, anche e soprattutto attraverso il rinnovamento della coscienza, l'umanità nonché l'insieme della vita e della natura.[29] Il marxismo italiano di allora era invece un marxismo attento ad una riforma strutturale della scuola che ricomponesse la divisione di classe, e assumesse i problemi dell'economia e del lavoro. Autori di riferimento erano infatti il russo Anton Semionovic Makarenko, il cui *Poema pedagogico* - scritto alla fine degli anni 30 ma pubblicato in Italia negli anni '50 da Lucio Lombardo Radice come una sorta di manifesto dell'ortodossia pedagogica comunista - ribadiva quell'unità di istruzione e lavoro ricavata dalla critica di Marx alla divisione di classe[30]; e Antonio Gram-

[29] *Manoscritti economico-filosofici del 44 di Karl Marx* furono pubblicati in Italia solo nel 1968 dalla casa editrice Einaudi.

[30] A.S. Makarenko, *Poema pedagogico,* Edizioni Rinascita, Roma 1955, Di Makarenko, maestro e direttore di una colonia di rieducazione per piccoli vagabondi (la "*Colonia di lavoro Massimo Gorki)* incentrata sul valore rieducativo attribuito al lavoro produttivo e autore di una proposta pedagogica che modulava il processo educativo sull'ideale di una società socialista fondata sul lavoro, vennero pubblicati in quegli anni anche *Bandiere sulle torri,* 2 voll., ed. Cultura sociale, Roma 1955, e *Questioni di pedagogia scolastica sovietica,* Armando, Roma 1960: quattro lezioni in cui Makarenko tuonava contro le "scuole nuove" e in genere contro la pedagogia attivistica occidentale, come ricorda Visalberghi che pure sottolinea l'attivismo "inconscio" dell'esperienza di Makarenko, "mutando l'iniziale accettazione del principio 'puerocentrico' in un deciso rifiuto di ogni forma di educazione 'molle' e 'borghese'" (A. Visalberghi in Appendice a Le scuole nuove, cit., p. 137). Le idee di Makarenko erano state divulgate in Italia da Lucio Lombardo Radice (*A.S. Makarenko,* in "Atti del Convegno di Siena", organizzato dall'associazione "Italia-URSS", nel 1951); e da Dina Bertoni Jovine *(La pedagogia di*

sci, i cui *Quaderni* - soprattutto il quaderno sugli intellettuali dedicato all'organizzazione della cultura e della scuola, solo nelle note trattavano di problemi pedagogici, occupandosi piuttosto dell'analisi della crisi del modello scolastico italiano, sempre più avulso dallo sviluppo sociale e industriale, e dunque riformabile solo attraverso lo smantellamento del vecchio umanesimo (l'umanesimo delle classi agrarie gentiliane) e la proposizione di un indirizzo tecnico in grado di formare i quadri necessari ad una nuova professionalizzazione degli studi[31].

L'assunto tutto sommato produttivista di questa impostazione, nonché una sorta di antiamericanismo dovuto alla guerra fredda e ai sussulti del maccartismo, non permetteva certo un dialogo positivo con l'attivismo, e in particolare con il pensiero pedagogico di Dewey, il cui discorso educativo, fra l'altro, era giunto in Italia con ritardo a causa del bando inflittogli dal regime fascista[32]. L'attivismo fu infatti attaccato aspramente fra il 1949 e il 1952 dai periodici del PCI *"Società"* e *"Rinascita"* in quanto messaggio piccolo-borghese illuso di poter rinnovare la società attraverso l'educazione e di poter rinnovare la scuola puntando sui metodi ma lasciando inalterati contenuti e strutture. Certo su questi attacchi gravò, come scrisse Giorgio Bini, la confusione con cui la parola venne recepita, usata indifferentemente come sinonimo di spontaneismo, occasionalità, episodicità, metodologismo buono a tutti gli usi e sostanzialmente qualunquistico, emblema di una "scuola facile" che contribuiva alla sottomissione alle

---

Makarenko in «Belfagor», 1959).

[31] I principali passaggi dei Quaderni dedicati alla scuola sono contenuti nel volume A. Gramsci, *Gli intellettuali e l'organizzazione della cultura*, Editori Riuniti, Roma 1971). Sulla proposta educativa gramsciana si veda M.Manacorda, *Il principio educativo in Gramsci*, Armando, Roma 1970 e F. Cambi, *Libertà da... L'eredità del marxismo pedagogico*, La Nuova Italia, Firenze 1994.

[32] Dewey era conosciuto solo per i suoi scritti filosofici grazie a G. De Ruggero che, prima della guerra e della censura fascista, aveva fatto pubblicare nel 1931 *Ricostruzione filosofica*, per la casa editrice Laterza.

forze conservatrici[33]. Una confusione che veniva amplificata dalla maniera in cui *i Programmi di riforma della scuola elementare del 1955* (i cosiddetti "Programmi Ermini") avevano assunto l'attivismo, attraverso una sorta di "gesuitismo" che consentiva alla pedagogia cattolica dominante di impadronirsi delle tecniche attive per rendere più attraente l'insegnamento senza però mutarne la sostanza dogmatica, né tantomeno il carattere autoritario e clericale[34].

Contro questo "metodologìsmo", i marxisti italiani affermavano l'esigenza prioritaria di dare un sapere positivo, dei *contenuti*, all'insegnamento. "Riforma della scuola", in un dibattito accesissimo, si occupò per diversi anni della querelle metodi-contenuti, dando voce da una parte a comunisti orientati sul versante di una pedagogia dei metodi, libertaria e liberatoria (Giuseppe Tamagnini, fra gli altri), dall'altra a comunisti ortodossi che rifiutavano Freinet e soprattutto Dewey (Cesare Luporini, Lucio Lombardo Radice). Ciari si distinse nella Rivista per una terza posizione che muoveva dalle sue premesse teoriche felici: da un lato la sua formazione deweyana accanto a Codignola, fra i primi in Italia non solo ad aver fatto conoscere Freinet ma ad aver tradotto e pubblicato gli scritti di Dewey[35];

---

[33] A proposito si veda G. Bini, *La pedagogia attivistica in Italia*, Editori Riuniti, Roma 1971; e anche T. Tomasi, *Scuola e pedagogia in Italia* (1948-1960), Editori Riuniti, Roma 1977.

[34] Sul "gesuitismo" della pedagogia cattolica Ciari così scrive: "i cattolici apparentemente hanno cercato di incorporare e di valersi delle tecniche attive come di altri elementi della vita moderna; fanno giocare i ragazzi a calcio, fanno il teatrino, si valgono di numerosi altrui elementi ricreativi che soddisfano generalmente alcuni bisogni dei ragazzi, ma a cui in fondo non danno importanza se non in quanto servono a raggiungere scopi ben precisi; i cattolici sono maestri nell'incorporare certi strumenti e certe tecniche della vita moderna... che non significa affatto acquisizione dei metodi moderni, ma solo l'uso ipocrita, gesuitico, degli espedienti, del guscio esteriore della modernità, come ben ha detto Cives" (*Collegamento fra nozione e metodo in* Riforma della Scuola», 1962, 6-7, ripubblicato ne *La grande disadattata*, cit., p. 278).

[35] Codignola fu - con Aldo Visalberghi che nel 1949 aveva tradotto e fatto pubblicare per Einaudi *Logica, teoria dell'indagine* - uno dei primi a introdurre la filosofia dell'educazione di Dewey. Nel 1950 tradusse infatti per La Nuova Italia *Esperienza ed educazione*; ma già nel 1946, nel già citato *Le scuole nuove,* aveva scritto pagine illuminanti sulle linee fondamentali del pensiero pedagogico di Dewey (la funzione etologica dell'educazione funzionale al rinnovamento della specie, la sua finalità sociale, il carat-

dall'altro la sua collocazione politica che lo portava a valutare con estrema serietà i pericoli dell'agnosticismo metodologico e dei suoi sbocchi qualunquistici. Ciò lo rendeva inviso alle due parti[36], ma gli consentiva un punto di vista privilegiato ed originale capace di articolare una proposta di "marxismo aperto" atta a far dialogare le esigenze di un orizzonte collettivo e sociale dell'educazione sollevate per esempio da Gramsci, con le proposte pedagogiche e psicologiche di Dewey e dell'attivismo.

La fecondità di questo dialogo venne esplicitata da Ciari in un importante articolo del '62 su «Riforma della scuola», dove invitava appunto a integrare criticamente le due proposte "che stavano dalla stessa parte della barricata" contro "il dogmatismo, l'autoritarismo e altri draghi sul cammino dello sviluppo democratico[37] In nome di questa integrazione Ciari chiedeva perciò ai suoi stessi compagni di partito di "liberarsi dalla premessa fallace e dall'abbaglio che l'attivismo significhi culto della pura metodologia o del vano esercizio formale del pensiero" e di leggere l'attivismo nel suo spirito più autentico, nei suoi ideali, nei suoi presupposti filosofici, ideologici, sociali, facendo i conti soprattutto con il pensiero di Dewey, nonché "con i pedagogisti più autorevoli e creativi che da Dewey

---

tere motivazionale attribuito all'ambiente e alla concreta situazione vissuta, il rapporto fra esperienza e natura e fra mente corpo, il valore dell'infanzia e la dignità teoretica del gioco, la critica ad ogni carattere angustamente disciplinare o formale degli studi , la denunzia della separatezza degli intellettuali, pp. 31-60). Codignola diceva, fra l'altro, che "il teorico più geniale e ascoltato dei movimenti di *"nuova educazione"* negli Stati Uniti" è l'autore "della più poderosa rivendicazione dell'autonomia dell'educazione e la più incalzante critica di qualsiasi residuo di oggettivismo didattico" (p. 32). Il fine che egli attribuisce all'educazione è "accrescimento della vita" (p. 37) e la "liberazione dell'individuo" (p. 39).

36 Come rivelano le parole di Giorgio Bini che, ancora nel 1971, scrisse, commentando *Le nuove tecniche didattiche*, che l'impostazione di Ciari era più democratica che socialista e che gli spunti deweyani, tra cui l'insistenza sui valori, la coincidenza tra mezzi e fini, erano dovuti ad una sorta di debolezza teorica, G. Bini, *La pedagogia attivistica in Italia,* cit., p.177.

37 B. Ciari, *Per un dialogo costruttivo* in «Riforma della Scuola», 1962, 3, ripubblicato ne *La grande disadattata*, cit., pp. 267 ss. Un bel commento a questo articolo è in T. Tomasi, *L'attivismo di Bruno Ciari, in* «Cooperazione Educativa», 1980, 11-12.

prendevano le mosse: da Visalberghi a De Bartolomeis, da Borghi a Laporta[38]. Dewey - il Dewey di *Democrazia ed educazione*, per esempio - poteva infatti facilmente, nei fini, incontrarsi con Marx: certo all'interno di una esperienza di rifondazione del marxismo, un marxismo aperto, antidogmatico, capace di contaminarsi e di confrontarsi con le cultura critiche, con il meglio della cultura "borghese" e dei suoi ideali di democrazia e libertà.

Perno di questo incontro il concetto marziano di *"prassi"*, traducibile con quello di *"lavoro"* così come viene utilizzato da Dewey. Ciari lo esplicitò rispondendo a Dina Jovine che, in un intervento organizzato dall'Istituto Gramsci su *Struttura, contenuti e metodi della scuola obbligatoria*, aveva di nuovo insistito sulla preponderanza del "contenuto", Sa "un po' di stantio", diceva Ciari, questo insistere sul "contenuto"[39] e fa pensare alla mente umana come ad un *contenente o recipiente,* riportandoci ad una filosofia in cui il pensiero era concepito come un riflesso o un passivo rispecchiamento di dati di verità in sé compiuti e organizzati". Per il pragmatismo dewyano, così come per il marxismo autentico, l'attività conoscitiva produttrice di verità non è una adeguazione della mente ma una attività produttrice che corrisponde ad un *"fare"* ad una *"prassi"*. Il termine contenuto dunque - se proprio si vuole continuare a servirsene - "può solo designare i prodotti, i risultati della prassi"[40]. Il contenuto perciò non si possiede come qualcosa di già pronto e organizzato. Esso va

---

[38] Ibidem. Ricordiamo, fra le opere dei pedagogisti deweyani, di L. Borghi, *Il fondamento dell'educazione attiva,* La Nuova Italia, Firenze 1952; di F. De Bartolomeis, *Introduzione alla didattica della scuola attiva,* La Nuova Italia, Firenze 1958; di A. Visalberghi, *Scuola aperta,* La Nuova Italia, Firenze 1962.

[39] L'intervento di D. Bertoni Jovine fu pubblicato poi su «Riforma della Scuola», 1962, 2, con il titolo *Il contenuto non è indifferente.*

[40] Ciari, *Collegamento fra nozione e metodo,* cit., p. 279. Ciari da una parte citava Gramsci quando afferma "che la coscienza del fanciullo non è alcunché di individuale, ma è il riflesso della società civile e dei rapporti sociali a cui il fanciullo partecipa", dall'altra critica propria quel termine "riflesso" che sembra sottolineare la assoluta passività dell'individuo e che allude ad una concezione puramente meccanicistica del marxismo

acquisito, elaborato e trasferito all'interno di un processo dinamico, e non come risposta ad uno stimolo induttore come voleva il nozionismo di vecchio stampo (dove, fra l'altro, è in funzione del voto-promozione) o come si pretende in un certo marxismo ingenuo, meccanicistico. Prima che le competenze, le abilità strumentali, esso va assunto attraverso un'attitudine, un abito appunto che, come nella concezione di Dewey, è un metodo di ricerca ma è anche un "ideale vivente", "un fine che sorge e funziona non in astratto ma all'interno dell'azione"[41].

Alla luce di questa impostazione non si possono perciò separare contenuti e metodi, non si può separare *cosa* insegnare e *come* insegnare. Una nuova visione dell'educazione e della società non può limitarsi a trasmettere nuove idee, nozioni, erudizioni ("né tantomeno quell'arsenale dei procedimenti e degli espedienti di cui la didattica si nutre ogni giorno"), senza rinnovare "la prassi metodologica per cui i fini, i contenuti, gli ideali, si realizzano[42], a cominciare dal "peculiare modo di vivere", "quel tipo di rapporto che dà l'impronta alla comunità educativa" e che fa veramente "distinguere una scuola burocratica, autoritaria e classista o una scuola liberatrice e democratica"[43]. Non si può insomma sostituire "Celentano a Beethoven" o Che Guevara a Cavour mantenendo intatta l'impostazione dogmatica e il principio di autorità. Fini e mezzi, contenuti e metodi, come anche strumenti e spazi e tempi, vanno proposti organicamente, in un'unità ideale, respingendo ogni strumentalismo ma anche il vuoto idealismo ("le rivendicazioni ideali, fuori dal terreno della praxis, restano delle pretese, delle intenzioni che valgono assolutamente

---

[41] Ciari, *Per un dialogo costruttivo*, cit., p. 275. La citazione di Dewey è tratta da *La natura degli scopi, in Natura e condotta dell'uomo*, La Nuova Italia, Firenze 1958, pp. 237 ss.
[42] Ciari, *Collegamento fra nozione e metodo*, cit., pp. 287-288.
[43]Ciari, *Una posizione originale in un ampio movimento mondiale in* «La Riforma della Scuola», 1968, 8-9, ripubblicato ne *La grande disadattata,* cit., p.312.

zero"[44]). Certo, rischia così di essere compromesso il culto della "scuola seria" che piace anche a sinistra (come aveva dichiarato Luigia Pagnin che, sempre su «Riforma della Scuola», aveva criticato l'attivismo e "la concezione libertaria della pedagogia moderna in quanto interdice al maestro la possibilità di autoritarismo e arbitrarietà"[45]. Ma l'autoritarismo va bene per una scuola che sembra seria, e che è invece fatta solo di fatica e di noia, le quali vanno respinte nettamente. Lo sforzo sì, conclude Ciari, la mobilitazione delle energie profonde dell'individuo servono alla scuola moderna, ma la noia e la fatica non hanno nessun valore pedagogico[46]. Esse sono le armi di quegli insegnanti che non hanno amore per i bambini, per i fanciulli, e non dimostrano fiducia nelle "forze creative" della gioventù e dell'infanzia.

4 *I modi dell'insegnare*

La persuasione che i contenuti trasmessi acriticamente formano dei dogmatici, indipendentemente da quale parte politica si collochino, spinge Ciari a riflettere sulla formazione, negli allievi e negli insegnanti, dello "spirito scientifico": titolo bellissimo che Alberto Alberti dette alla raccolta di scritti degli anni '60 che qui ripubblichiamo in parte, convinti della loro assoluta *inattualità*.

Se "inattuale" è, come ci insegna Nietzsche, un aggettivo attribuibile a ciò che va contro lo spirito dei tempi, ciò che rimane solitario perché si situa prima o "oltre"[47], i modi dell'insegnare risponde pienamente a questa qualità. Qui Ciari prende arditamente posizione contro l'ambiente,

---

[44] Ciari, *Collegamento fra nozione e metodo*, cit., p. 287.
[45] L. Pagnin, *Per una scuola seria,* in «Riforma della Scuola», 1960, 2.
[46] Ciari, *Collegamento fra nozione e metodo*, cit., p. 288.
[47] F. Nietzsche, *Considerazioni inattuali* (in particolare Schopenhauer educatore), Boringhieri, Torino 1958; di Nietzsche si veda anche *Sull'avvenire delle nostre scuole,* Adelphi, Milano 1975, saggio profetico sul rischio della massificazione nella scuola.

contro la società così come è data. Citando di nuovo Dewey, egli afferma che il compito dell'educazione non è far aderire il fanciullo al suo contesto in modo che ne assuma passivamente valori, costumi, cultura; compito della scuola è invece promuovere un "pensiero divergente" che sappia sottrarsi alle determinazioni, ai conformismi provenienti dalla società[48]. Lo "spirito scientifico", diversamente da quanto pensa il darwinismo sociale, è proprio questa forma di smascheramento: non dunque un adattamento", un "accomodamento". Come ritiene certo evoluzionismo e certo darwinismo sociale, ma una continua trasformazione e miglioramento dell'ambiente circostante sia storico che naturale.

La formazione dello "spirito scientifico" nel fanciullo è un compito che non riguarda perciò solo l'insegnamento e il potenziamento delle cosiddette "scienze pure" (notevolmente trascurate dall'educazione spiritualistica e alle cui modalità di apprendimento Ciari si dedica con particolare impegno, a cominciare dalla stesura di un manuale di scienze naturali per la scuola media, fino ai numerosi seminari sul "calcolo vivente[49]; ma un atteggia-

---

48 Certo dall'ambiente possono anche venire stimoli positivi, ma "si potrebbe dimostrare che ancora il peso dell'ambiente, inteso sotto tutti gli aspetti (famiglia, strada, vita di gruppo, cinema, tv, fumetti, ecc.) è largamente negativo. Troppa erbaccia maligna portano i ragazzi a scuola la mattina, troppi falsi eroi... a tutto questo si aggiunga il peso del pregiudizio della passività, dei residui di mentalità magica" (*Lo spirito scientifico, in «Riforma della Scuola»,* 1963, 6-7, p. 76 di questo volume).

49 Sulla didattica delle scienze Bruno Ciari è intervenuto nelle "Premesse per gli insegnanti" del manuale *Osservazioni scientifiche per la scuola media,* Sansoni, Firenze 1965 (con prefazione di Aldo Visalberghi). Sulla didattica della matematica Ciari ha scritto vari articoli e coordinato diversi seminari dell'MCE. In questo testo rimandiamo ai due articoli *Materiali didattici e calcolo vivente,* in «Cooperazione Educativa», 1961, 6, riportato a pp. 173 ss. di questo volume; *Per una nuova didattica,* in «Cooperazione Educativa», 1965, 12, a pp. 232 ss. Segnaliamo anche l'articolo *Dentro e fuori il tempo pieno,* in «Riforma della Scuola», 1968, 1, ripubblicato ne *La grande disadattata,* cit., in cui Ciari mette in guardia contro la sussunzione in atto della matematica, come delle scienze, alla strategia dei "padroni del vapore" (p. 157): soprattutto contro l'uso della "matematica insiemistica o moderna che si sta diffondendo per l'opera di alcuni editori, di certi gruppi industriali e dello stesso Ministero della P.I, ... in quanto strumento di un addestramento neutro della mente, una tecnica che può ben inserirsi in un contesto pedagogico-didattico del tutto tradizionale, in vista di formare individui mentalmente efficienti ma

mento che abbraccia l'approccio complessivo alle conoscenze razionali così come i comportamenti della vita esperienziale. Lo spirito scientifico è perciò, direbbe ancora Dewey, una sorta di *abito* da indossare in tutti i momenti dell'apprendimento; attiene alla attitudine a conoscere attraverso "una organizzazione intellettuale dei dati", alla capacità di "assumere un livello di consapevolezza più alto del senso comune di cui costituisce il superamento"[50]. Assumendo l'impegno che già fu dello spirito illuministico kantiano, lo spirito scientifico è dunque lo spirito critico che non cede allo stereotipato, al conformismo, al convenzionale e che, sostanziandosi in un ambito ampio di rigore logico e di vigilanza critica, consente alla mente di liberarsi dai pregiudizi, dal misticismo, da suggestioni pulsionali o emotive. Esso perciò va insegnato preliminarmente ai bambini, anche ai più piccoli, magari dicendo agli insegnanti di smettere di bamboleggiare, di smettere di credere che con i bambini si possa solo favoleggiare, imprigionandoli negli stereotipi (tipo "la mamma è l'angelo del focolare"[51]. La conoscenza scientifica, la formazione intellettuale, l'educazione al ragionamento, la vigilanza critica - tutti parametri interni allo spirito scientifico - possono infatti, sin dalla nascita, educare la mente ad uno sguardo originale sul mondo, e possono soprattutto sottrarre la coscienza alla manipolazione del potere. Impegno cardine negli anni '70, che si amplifica nella

sempre subalterni" (p. 160).

[50] B. Ciari, *Educazione razionale, in* «Didattica della Riforma», 1961, 8-9.

[51] "Generalmente quando il ragazzo varca la soglia della scuola perde il contatto con l'esperienza viva si immerge in un'atmosfera magica, di confusione fra scienza e favola, di superstizione moderna. Lo stesso apprendimento della lingua sottolinea il divorzio con i fatti... nei pensierini dei ragazzi del primo ciclo si trova per esempio che la mamma è sempre buona, è angelo del focolare'... pensieri tutti uguali, stereotipati... dominati dal moralismo astratto in cui raramente l'esperienza genuina trova posto" (Ciari, *Lo spirito scientifico*, cit., pp. 72-13 di questo volume).

drammaticità dell'oggi: oggi, di fronte al proliferare di miraggi e simulacri, di fronte alla colonizzazione totalitaria dell'immaginario fatta dalla pubblicità e dai mass media, di fronte al fascino perverso di Internet che diffonde nella gioventù perennemente e artificialmente navigante un nuovo feticismo, lo spirito scientifico può impedire la manipolazione magica, smontare i meccanismi attraverso i quali un potere sempre più "osceno" (in scena) affascina gli individui e inquina le loro menti[52].

Lo spirito scientifico inteso come spirito critico ed educazione dell'intelligenza è anche capacità di stabilire,connessioni (fra le esperienze, fra le esperienze e la natura, fra la natura e la storia, fra le scienze), e perciò il suo apprendimento "non può consistere nell'appropriazione di nozioni singole (questa è una foglia lanceolata, il bove è mammifero e ruminante, ecc.)[53]. È questo un punto di forza nel pensiero di Ciari che conseguentemente lo porta a pensare la scuola come un laboratorio in cui attività e ricerca siano le strade maestre dell'apprendere e dell'insegnare. La ricerca non è però la ricopiatura in bella scrittura dall'enciclopedia né, come accade ormai diffusamente in tante nostre scuole, la ricopiatura da un sito di Internet; la ricerca è in senso deweyano, l'indagine che deve nascere da una situazione problematica, non quindi da una occasiona-

---

[52] Sui pericoli di inquinamento della mente che derivano dalla proliferazione di immagini e di virtualità rimando al testo "*Alfabeti ecologici*" (un testo di indirizzo sul nuovo ruolo dell'educazione naturale redatto da me su proposta del Comitato di saggi che mi affiancava quando ero Sottosegretario all'Ambiente con delega all'Educazione ambientale), in Ecologia politica, ed. Punto Rosso, Milano 2007.

[53] B. Ciari, *Processo di ricerca*, in «Riforma della Scuola», 1957, 5, p. 104 di questo volume. Sulle connessioni e sulla concezione del sapere come organismo (concezione che è al cuore del cosiddetto "paradigma della complessità" caro ad etologi, biologi, ecologi, filosofi della natura come G. Bateson e E, Morin), Ciari torna più volte. Per esempio in *Metodologia e motivazione* (in «Cooperazione Educativa», 1963, 8-9) dove scrive: "Noi non vogliamo fare delle ricerche episodiche, scollegatele une dalle altre, e respingiamo il sapere frammentario. Se partiamo invece da un anello qualunque della catena, essendo i fenomeni legati gli uni agli altri, possiamo conquistarceli tutti via via. Questo modo di procedere ci garantisce l'organicità del sapere che per noi è appunto organismo: non un ammasso di mattoni, ma un edificio complesso" (p. 113 di questo volume).

le curiosità o da una proposta dell'insegnante più o meno artificiosamente concordata con gli alunni o da una sorta di sfarfalleggiare da argomento ad argomento secondo spontaneità, come può far credere una cattiva interpretazione dell'attivismo. La ricerca è essenzialmente un progetto che nasce in una situazione problematica e che deve essere orientato da una ipotesi, fortificato da una analisi, corroborato da una verifica, secondo il rigore dello spirito scientifico[54]. Essa però ha una origine naturale, una matrice etologica "che è comune all'azione degli organismi inferiori volta al soddisfacimento dei bisogni naturali come all'attività dello scienziato puro[55]; deve perciò avere un legame con il corpo e con l'attività sensorio-motrice[56], deve saper vedere - deve saper osservare i fatti ma anche la natura, andando fuori, all'aria aperta, o portando dentro l'aria aperta, la natura vivente, disponendo nell'aula i terrari, gli acquari, i vivai di ogni specie[57]; e deve saper *toccare*, deve "fare, disfare, costruire"[58]; il cervello - come sa la migliore tradizione dell'attivismo che fa del manipolare una abilità massima del pensiero, e come ci ripete l'antropologia culturale, a partire da Léroi-Gourhan, - stabilendo un legame fra le esperienze vitali del fanciullo e della specie aumenta le sue facoltà attraverso la mano e i

---

[54] Ivi, p. 116, La dimensione costitutiva dell'essere umano come dimensione del "progetto" (che piacerebbe anche a Sartre e all'intero esistenzialismo) è qui riferita ancora al Dewey di *Logica, teoria dell'indagine,* Einaudi, Torino 1965.

[55] "Infatti, nei due tipi di attività, identico è il fine di controllare e di padroneggiar i materiali e le energie presenti nell'ambiente per la conservazione e l'incremento della vita" (Ciari, *Processo di ricerca,* cit., p. 99 di questo volume).

[56] Ivi, p. 100.

[57] "La formazione dello spirito scientifico deve partire dall'esperienza. Bisognerà quindi uscire molto di più dalle quattro anguste pareti dell'aula, per vivere e osservare il mondo circostante... bisognerà osservare di più dalle finestre... bisognerà portare in aula frammenti viventi della natura come terrari, acquari, vivai di ogni specie" (Ciari, *Lo spirito scientifico,* cit., p.74 di questo volume). Sull'educazione "all'aria aperta" Ciari ritorna anche in *Esplorando l'ambiente,* in Didattica della Riforma», 1963, 8-9, e in *Valorizzare le scoperte dei fanciulli,* in «Riforma della Scuola», 1957, 8-9, dove fa questa esortazione assolutamente ecologista "comunque la via è questa: vivere a contatto con la natura e con tutti gli esseri" (p. 125 di questo volume).

[58] Ciari, *Lo spirito scientifico,* cit., p. 71 di questo volume.

sensi gli danno un occhio più profondo sulla realtà.

L'insegnante impegnato a indirizzare verso lo spirito scientifico e a promuovere l'indagine dovrà dunque avvalersi, come è nella migliore tradizione, di strumenti empirici raffinati (il microscopio, la macchina fotografica, la cinepresa, il ciclostile) ma anche di materiali manipolabili e di strumenti che "si possono trovare in casa, dal rigattiere in farmacia (barattoli da calza, aghi, sale)", imitando i grandi scienziati che hanno avuto la capacità di "servirsi di cose molto semplici, comuni, familiari"[59]. Strumenti che siano d'ausilio alla scoperta individuale quanto al potenziamento di quel clima e di quel lavoro cooperativistico che è poi forse l'assunto migliore dello spirito scientifico moderno, strumenti sempre elastici, variabili ad ogni ridefinizione e ad ogni possibile nuova esperienza: *tecniche* appunto, che mai divengono un *metodo strutturato*, come quello per esempio elaborato dalla Montessori, "un insieme definitivamente congegnato dal suo iniziatore, da prendere com'è, solo l'autore possedendo autorità per modificarne i dati[60].

È questo un altro punto di forza di Ciari, un approccio epistemologico e operativo ricavato da una sorta di "anarchia epistemologica", come direbbe Feyerabend, fondata sulla critica alla unicità e alla assertività del metodo, vera e propria palude per la ricerca innovativa e il vero progresso della scienza[61]. La scienza infatti, come anche dalla lezione di Freinet, non è un porto tranquillo, una procedura ripetibile. La scienza è un processo all'interno del quale il ricercatore si

---

[59] Ciari, *La finalità sociale*, in «Cooperazione Educativa», 1963, 8-9, pp. 97-98 di questo volume.

[60] "Per questo" - aveva già spiegato Ciari ne *Le nuove tecniche didattiche* - "noi parliamo di 'tecniche Freinet" e non di 'metodo'. Il metodo è un insieme definitivamente congegnato dal suo iniziatore, da prendere com'è, solo l'autore possedendo autorità per modificarne i dati. Il metodo Montessori ne rappresenta un prototipo. È rimasto quello che era nel 1930, e appunto perciò è superato... le tecniche Freinet non sono nel 1965 ciò che erano nel 1940 e non saranno nel 1970 quello che sono oggi" (pp. 34-35).

[61] P. Heyerabend, *Contro il metodo*, Feltrinelli, Milano 1979.

muove attraverso il *tâtonnement expérimental,* una "esperienza a tentoni", che è originaria, etologica, presente negli esseri umani come in tutti gli esseri viventi, iscritta nel processo stesso di padroneggiamento e trasformazione dell'ambiente. Essa è frutto della potenza vitale dell'essere umano che si esplica attraverso una modalità dell'intelligenza sensibile che richiede non una semplice risposta a stimoli o comportamenti di tipo associativo (come nel *"trial and error",* caro a Watson o a Skinner, o ai grandi scienziati dell'apprendimento nordamericano, che trasformano l'apprendimento in una mera risposta agli stimoli), ma comportamenti innovativi e creativi, frutto di una azione e di un progetto spesso divergente, oltre che di una motivazione personale e affettiva profonda[62]. L'educazione moderna deve coltivarla: il che significa negare qualsiasi "istruzione programmata", qualsiasi idea di educazione concepita come "ammaestramento" *(dressage),* bensì affermare una idea di educazione come educazione alla ricerca, alla creatività, alla libertà, alla comunità[63].

Lo spirito scientifico - ed è questo un altro punto di forza del pensiero di Ciari - non implica infatti solo attività mentale, sperimentazione e anticonformismo intellettuale, liberazione dell'intelligenza del fanciullo, acquisizione di valori individuali, ma azione collettiva, attività politica e liberazione sociale dell'intero popolo, della intera comunità nazionale. La scienza moderna "ha avuto nelle sue origini questa destinazione universale, sociale, umana". Oggi, che rischia "di cadere nel puro tecnicismo... di servire finalità individuali o di gruppo... di essere

---

[62] *"tâtonnement"* è un concetto centrale in uno dei libri più teoretici di C. Freinet, *Saggi di psicologia sensibile applicata all'educazione,* Le Monnier, Firenze 1972. La *"esperienza per tentativi"* è ripresa da Ciari in *Processo di ricerca,* cit., pp. 99 ss. di questo volume. Una ricognizione sulla diversità fra *"l'expérience tâtonnée"* di Freinet e il trial and error di impostazione nordamericana, la fa Pettini in *Le tecniche Freinet,* cit.

[63] C. e E. Freinet *in Bandes enseignantes et programmation,* BEM, Cannes 1965, in forte critica contro il *"dressage"* dell'istruzione programmata, per una educazione alla libertà.

confinata nell'ambito dei meri processi produttivi", deve poter ritrovare la sua "finalità sociale"[64], mirando ad un progresso che non può essere solo strumentale ma morale, rivolto al miglioramento dell'intera umanità (dunque, rivolto, come diceva ancora Dewey, "alla pace duratura, al trionfo della libertà, dell'uguaglianza e del benessere"[65]. È un progresso morale, dunque, che dovrà sostenere "il rinnovamento civile" degli italiani, orientandoli verso "una sempre più alta apertura morale e sociale, capace di estendersi a gruppi sempre più vasti, con la valorizzazione di tutti, il superamento del conformismo, dell'inerzia mentale, della grettezza morale, dell'immaturità sociale, cioè dei difetti che caratterizzano gran parte del nostro popolo"[66]. Un popolo - parole quanto mai drammaticamente attuali - in cui dominano "pregiudizi, superstizioni, vuota e vacua retorica" e quella che Gramsci chiama la "barbarie localistica e individualistica", un popolo e un paese in cui, nonostante "il perfezionamento raggiunto dagli strumenti tecnologici e automazione della fabbrica al suo trionfo", "il medioevo si difende tenacemente in mille forme e tiene validamente il suo posto nelle menti degli uomini"[67]. Questo popolo va riformato, va disinquinato, va portato "a guardare in faccia la verità, a ricercarla amarla e propugnarla ad ogni costo"[68], non delegando lo spirito scientifico e la ricerca agli esperti, a gruppi ristretti o a pochi individui, ma estendendolo ad un insegnamento pubblico e di massa "che tenda a liberare da qualsiasi alienazione, e a umanizzare quanto più possibile": un insegnamento "non settoriale" in cui lo spirito scientifico "dia l'impronta anche alla ricerca storica", cosa essenziale per lo sviluppo della democrazia.

---

[64] Le citazioni sono tratte da *La finalità sociale*, cit., pp. 96-97 di questo volume.
[65] Ciari, *Conoscere il mondo*; in «Riforma della Scuola», 1957, 4, p. 87 di questo volume.
[66] Ivi, p. 85.
[67] Ivi, p. 86.
[68] Ivi, p. 89.

Conoscenza storica e conoscenza scientifica sono i due assi portanti della educazione democratica moderna; esse, del resto, si diversificano solo per l'oggetto" dell'apprendimento: da una parte il mondo dei fatti fisici e biologici, dall'altro il mondo dei fatti umani che peraltro si integrano. La storia, perciò, deve essere uno dei cardini della scuola moderna: conoscere le radici, individuare le forze storiche, è la prima garanzia della democrazia ma è anche la prima garanzia di una scienza, di una sapienza che sia profonda e profondamente-introiettata"[69]. In nessun altro campo come nella storia è infatti possibile "valorizzare le scoperte dei fanciulli", e lavorare e partire dalla *motivazione* del fanciullo, dalla sua esperienza vitale, dal suo ambiente"[70] "L'abito" della storia nasce dal "vedere il presente", per poi magari superarlo e trasformarlo. Parte, per il bambino, dal suo vissuto, dal "licenziamento del nonno", dalla "civiltà in cui vive", da un presente che illumina il passato facendogli "vedere i fenomeni nei loro rapporti di interazione, nel loro nascere, svilupparsi e perire, siano essi fenomeni naturali sia che si tratti di eventi storici"[71].

Del resto, come non è separabile dalla ricerca storica, lo spirito scientifico non è separabile dalla esperienza estetica, esperienza anche questa sensibile, naturale, in cui l'essere umano si adatta all'ambiente non nella forma dell'utile ma della bellezza. Lo spirito scientifico non svaluta affatto l'arte o la musica o la poesia, né le facoltà del fanciullo legate all'immaginazione, alla creatività, alla libera espressione. Certo rifiuta quell'idea, presente per esempio nei Programmi Ermini, che "si ancora alla concezione idealista del fanciullo costituito essenzialmente di facoltà, irrazionali, emotive, fantastiche, un fanciullo tutto sentimento, fantasia

---

[69] Ciari, *Il fanciullo e la storia*, in «Didattica della Riforma», 1962, 2, pp. 187 ss. di questo volume.

[70] *Motivazione e metodologia*, in «Cooperazione Educativa», 1963, 8-9, p. 109 di questo volume.

[71] Ciari, *Per studiare la storia, in* «Cooperazione Educativa», 1967, 3-4,

ed intuizione... che si richiama al folklore e al mito"[72] Lo spirito scientifico, valutando l'immaginazione come facoltà conoscitiva ("come facoltà di dare ad oggetti e a fatti un immagine diversa da quella obiettiva, in modo da utilizzarli nei giochi e nelle drammatizzazioni"), la organizza su un asse portante, dando dignità razionale e carattere conoscitivo a tutte le attività estetiche o ludiche. Il gioco e la pittura, l'animazione e la drammatizzazione, il testo libero e la libera espressione vengono così sottratti al momento prelogico, ricreativo e, tutto sommato, aggiuntivo, per diventare assi disciplinari, assi formativi "la cui importanza educativa - a tutte le età - nessuno può disconoscere"[73].

5. Contro la selezione, la gestione sociale della scuola

Gioco, disegno, animazione, testo libero, fiaba, canto, giornalino di classe, acquario, vivaio, gite, esplorazioni, racconti dei nonni, esperienza vissuta, corrispondenza, amore "pensoso" da parte del maestro-animatore: il modo di insegnare di Bruno Ciari, per quanto rigoroso nella ricerca e nello spirito scientifico, non fu certo un modo serio. Ma la scuola "seria", cattedratica, autoritaria, la scuola che guarda ostile al corpo e alla libera espressione, la scuola del voto-condanna e della gara, è seria anche nella selezione, nella discriminazione dei più deboli o dei diversi, nella moltiplicazione dei ghetti, facendo così da notaio ad una società che erige barriere e frontiere e ad un sistema economico che produce brutalità e subalternità. E questa la tesi che trova sintesi nella raccolta di scritti dell'ultima parte di vita di Ciari, *La grande disadattata* (uscito postumo ma con saggi tutti degli anni '60), libro-denuncia che respira a pieni polmoni i grandi temi del '68 europeo, traducendo in termini

---

[72] Ciari, *Il fanciullo e la scienza in* "Didattica della Riforma" 1961, 2.

[73] Ciari, *Per l'educazione estetica, in* «Cooperazione Educativa», 1961, 9, pp. 205 ss. di questo volume.

educativi la critica alla istituzione totale e al "sorvegliare e punire" e la novità di una riflessione italiana che denunciava, per esempio con Don Milani e i ragazzi di Barbiana, la causalità del rapporto fra bocciatura e collocazione sociale[74], o l'emergere di nuove e raffinate forme di discriminazione, come mostrava Franco Basaglia che, con Marco Cavallo, lottava a Trieste contro la medicalizzazione della follia come di ogni forma di devianza[75].

In uno degli articoli più belli, che poi dà titolo al volume, Ciari discute su queste forme nuove di discriminazione, ingaggiando, con la solita cortesia ma anche con la solita fermezza, una nuova polemica contro alcune posizioni presenti anche in *«Riforma della Scuola»,* incapaci di contrapporre una proposta alternativa a quella che la destra pedagogica e politica veniva elaborando sul problema dell'"infanzia disadattata". Attraverso alcuni progetti di Legge sulla istituzione di classi differenziali e di scuole speciali, la destra, anche cattolica, stava infatti mettendo in atto "un vasto disegno di individuazione di tutti i disadattati" conforme alla strategia dettata dal sistema produttivo atta a "estrarre dalla massa degli alunni la minoranza più efficiente, più rispondente ai bisogni del sistema e ai ritmi di competitività" e ad assicurarsi "una disponibilità relativamente ampia di forza lavoro abbastanza generica e

---

74 *Lettera ad una professoressa*, scritto dagli alunni della scuola di Barbiana di Don Milani, è, dice Ciari, "un libro di quelli che scottano, che destano commozione o sdegno, o anche irate reazioni ... poiché non si tratta della testimonianza di un osservatore esterno, si tratta di parole che hanno il sapore della lingua viva... le parole di chi ha vissuto e sofferto l'umiliazione di essere classificato tra i peggio o tra gli asini e di chi ha sentito la volontà disperata di emergere dalla schiera dei senza cultura. Sono parole dette con pienezza di sentimenti possibili ai ragazzi, nutrite di fatti, di dati rigorosi, di intelligenza" (Ciari, *Dentro e fuori il tempo pieno*, in «Riforma della Scuola», 1968, 1, ripubblicato in *La grande disadattata*, p. 151). *Lettera ad una professoressa* è stato pubblicato dalla Libreria editrice fiorentina nel 1967.

75 Marco Cavallo è l'enorme cavallo tutto azzurro costruito e dipinto dai pazienti "matti" dell'ospedale di Trieste, il cui medico era appunto Franco Basaglia, psichiatra ma anche filosofo — nutrito di studi fenomenologici (Binswanger, per esempio) — che fu anche il padre della legge 180. Marco Cavallo era troppo grande per uscire dalla porta: allora i "matti" e i dottori ruppero quella porta e quel muro simbolico per far andare libero il cavallo nei quartieri della città.

facilmente intercambiabile". Il "peso morto", il bambino disadattato appunto, ancora più facilmente del bambino tradizionalmente bocciato, poteva così più facilmente venire dirottato verso queste funzioni di lavoro subalterne, grazie anche a una "selezione all'ingrosso" razionalmente organizzata e programmata, che si copriva dell'"avvallo scientifico dell'équipe e dello psicologo", chiamati ad attestare neutralmente "il metro di normalità" secondo un test di adeguatezza ai valori, ai comportamenti alle logiche della classe dominante[76].

La sinistra pedagogica, insiste Ciari, piuttosto che inseguire subalternamente la destra su questa strada dei test, delle misurazioni quantitative dell'intelligenza con conseguente differenziazione fra "normali" e "subnormali", della istituzione di "canali permanenti di differenziazione[77], dovrebbe reagire con più forza a questa nuova forma più raffinata di selezione, a questa raffinata forma di controllo dell'intelligenza e della disobbedienza, tutta interna ai processi di ristrutturazione del neocapitalismo e dovrebbe invece dire che *non è* l'infanzia ad essere disadattata ma

> è la scuola, con la famiglia, la vera anormale o disadattata... Essa avrebbe il compito di offrire spazi e tempi più articolati per la soddisfazione di motivazioni motorie e di esigenze di esplorazione e di conquista... dovrebbe predisporre condizioni e stimoli per la più ampia liberazione delle potenzialità espressive... dovrebbe costituire un centro di autentica esperienza scientifica... una palestra di socialità e di autogestione e invece è raggrinzita e immeschinita nelle scatole chiuse, asfittiche e grigie, costringendo i bambini ad una vita da banco. Ben a ragione Franco Basaglia enumera la scuola fra le istituzioni della violenza"[78].

Non lo psicologo separato dal maestro, dunque, ma un

---

[76] Ciari, *La grande disadattata* in «Riforma della Scuola», 1970, 4, ne *La grande disadattata,* cit., pp. 39-52.

[77] Ivi, p.4 l.

[78] Ivi, p. 50. La posizione di acquiescenza alla proposta della destra, è ben sintetizzata dall'articolo di Canella, Poletti, Cattani, *La scuola e l'igiene mentale, in* «Riforma della Scuola», 1969, 10.

maestro che conosce la psicologia degli alunni e che valorizza la loro esperienza, sono la risposta a questa scuola foriera di violenza a cui bisogna contrapporre una scuola nuova, rinnovata dall'interno, nelle pratiche e nei fini, ma supportata anche da un nuovo tipo di organizzazione e di gestione: una *gestione sociale* affidata "non ad una partecipazione minoritaria o alla democrazia delegata", ma alla pratica comunitaria e alla democrazia profonda"[79]. Ciari la stava sperimentando proprio in quegli anni, nel suo nuovo ruolo di Direttore delle attività scolastiche conferitogli dal Comune di Bologna con il compito di coordinare e dare impulso alle scuole materne e ai doposcuola comunali. Un nuovo lavoro, diverso certo, ma per molti versi simile a quello di maestro, teso "ad un ammodernamento non gattopardesco" e alla risoluzione dei molti problemi allora (ed ora) al tappeto, e foriero di eventi (il "Febbraio" pedagogico, per esempio) e di proposte concrete (la riforma della scuola dell'infanzia come primo gradino di una rinnovata istruzione di base, l'autogestione, il tempo pieno[80].

Franco Frabboni, pioniere del rinnovamento didattico in Italia ed estimatore fra i primi di Ciari, considera questa attività bolognese come una svolta, uno "spostamento vistoso dell'asse della sua 'scommessa' pedagogica", dal "dentro" dell'aula al "fuori scuola", spostamento che fa passare "il crocevia del processo formativo dalla *comunità/classe* (pur aperta), alla *Comunità sociale e civile nel suo insieme"* una svolta che, sempre secondo Frabboni, è anche una maturazione in quanto allarga la visione dei processi

[79] Anche le innovazioni riguardanti la presenza dei genitori e di altri rappresentanti della società politica e civile negli organismi direttivi della scuola, se si attuassero nello spirito della semplice "partecipazione" minoritaria, della democrazia delegata, non servirebbero a trasformare la scuola, a renderla più accettabile" (Ciari, *I problemi sul tappeto*, in «Riforma della Scuola», 1970, 1, ripubblicato in *La grande disadattata*, p. 36).

[80] Ciari, *Bologna: esperienze e problemi, in* «Riforma della Scuola», 1969, 8-9, in *La grande disadattata*, pp. 109 ss. Sul periodo bolognese si vedano anche *La scuola a tempo pieno*, in Quaderni del "febbraio pedagogico Bolognese", Comune di Bologna ed., 1969, 7; *e Organizzazione ambientale della scuola per l'infanzia*, in Quaderni del "Febbraio Pedagogico Bolognese", Comune di Bologna ed., 1969, 8.

formativi facendo dipendere l'istruzione e la maturazione dell'allievo "non soltanto dalla trama chiusa delle relazioni maestro/gruppo classe" ma "dal clima complessivo che l'allievo respira dentro e fuori la scuola, dalle immagini di 'uomo' e di 'civiltà' che gli scorrono quotidianamente davanti: a casa, in classe, per strada, sul video e così via"[81]. Ed è una svolta che porta Ciari a dedicare tutte le sue energie ad elaborare, per la scuola, un modello organizzativo "a nuovo indirizzo", "un "modello scolastico di stampo democratico e pluralistico razionale", capace di trasformare la scuola in "un servizio educativo del decentramento territoriale... un'agenzia di produzione di patrimoni e modelli culturali. ..una agenzia di liberazione/emancipazione intellettuale non solo per l'utenza scolastica, ma anche per l'intera collettività sociale"[82].

Questo modello trova un'immediata diffusione nelle Amministrazioni democratiche impegnate nel rinnovamento dei servizi sociali (Bologna, ma poi Firenze, Ferrara, Torino) e viene assunto dalla sinistra più istituzionale (il PCI, per esempio) come parametro di un rinnovamento delle strutture organizzative della scuola, chiamate a istituire con il "fuori/scuola", con l'ambiente sociale, con il "territorio", un rapporto di interdipendenza e reciprocità culturale. Vanno in questa direzione i comitati genitori-insegnanti che chiamano le forze sociali e sindacali a partecipare al governo della scuola e a collaborare all'attuazione di programmi e progetti educativi: comitati tradotti (e poi traditi) nei decreti Delegati del 1973. Così come le aperture, tramite i progetti formativi, ad agenzie educative extrascolastiche (il museo, la biblioteca, il centro sociale, ecc.). Sono iniziative che testimoniano il valore di quella "svolta" di cui parla Frabboni, anche se oggi, di

---

[81] F. Frabboni, *Bruno Ciari a Bologna*, in «Cooperazione Educativa», 1980, 11-12, pp. 15 ss.
[82] Ivi, pp. 17-18.

fronte all'inquinamento non solo fisico ma mentale del "territorio", di fronte ad una ideologia dominante che teorizza la possibilità di istruire senza educare circoscrivendo il campo specifico della scuola alle sole "competenze" e "abilità" (meglio se finalizzate all'inserimento nel mercato), di fronte al fatto che l'entrata massiccia di forze organizzate esterne con funzione di partecipazione e di gestione (genitori, enti locali, sindacati prima, ma poi, sempre di più imprese e agenzie commerciali) non è riuscita a scalfire l'autoritarismo, il conformismo, il dogmatismo, di fronte, soprattutto, all'accentuarsi della selezione, dell'individualismo e dell'istinto mimetico, al perdurare della rimozione del corpo e dell'affettività, al decadere dello spirito critico e della creatività, abbiamo qualche rimpianto per una proposta politica e pedagogica che pratichi in qualche modo anche il "dentro/scuola" e riavvii una riflessione sull'atto vissuto dell'insegnare, sulle modalità affettive e relazionali, sul paradigma epistemologico e disciplinare."

Va in questo senso questa scelta editoriale: un amoroso omaggio che recupera alla memoria delle nuove generazioni di formatori, un Ciari politico, organizzatore, maestro e formatore, il Ciari teorico e pratico dell'educazione. La sua eredità appare oggi neutralizzata o del tutto cancellata da una società che si involgarisce e da una scuola che si massifica senza diventare però popolare, ma pure continua a vivere nello spirito e nella pratica di tanti maestri, di tante maestre, che in queste pagine hanno trovato, come raccontano Giuseppe Dimattia, Liliana Vernole e Giuseppina Boccasile nelle esperienze poste a conclusione di questo volume, le parole per dire la loro didattica attiva, creativa, cooperativa e foriera di democrazia.

6. *L'eredità di Bruno Ciari*

Maestri e maestre, ma anche professori e professoresse,

e intellettuali e pedagogisti, e poi perfino attori e psicoanalisti, hanno trovato nel *Movimento di cooperazione educativa* il modo di discutere, approfondire e mantenere sempre viva l'eredità di Ciari. *Di questo Movimento,* come si è detto, Ciari fu uno dei padri nobili (l'unico forse mai ucciso), ma fu anche debitore e figlio, come dichiarò nella *Premessa* a *Le Nuove tecniche didattiche,* dedicando quelle pagine

> ad una comunità entro la quale ho compiuto le mie esperienze didattico-pedagogiche più significative e ho essenzialmente formato la mia personalità di uomo e di educatore[83].

Una comunità di lavoro, di scambio culturale, di confronto politico ma anche una comunità di "amici", foriera di senso di appartenenza, di riconoscimento e amore (l'amore della moglie Marcella, conosciuta proprio a Frontale[84]). Una comunità dove ricerca e vita formavano un indissolubile collante. Grazie a questo collante PMCE - nato nel 1957 dallo scioglimento della *Cooperativa per la Tipografia nella scuola* - nonostante fosse caratterizzato dallo spirito antidogmatico, libertario ed eretico dei suoi aderenti e dalla volontà di "rimettere sempre tutto in discussione" (secondo un'espressione cara a Laporta), era rimasto coeso per più di vent'anni, attraversando indenne anche i momenti più bui della guerra fredda, anche i momenti di particolari ostilità e difficoltà ideologiche e politiche. Almeno fino al grande rinnovamento culturale del 68: una "bufera" che, come ricorda Aldo Pettini[85], travol-

---

[83] Ciari, *Le nuove tecniche didattiche*, cit., p.13.

[84] Le riunioni del MCE si tennero per anni a Frontale, nella casa di Tamagnini che fu Presidente del Movimento dalla sua fondazione fino al '68. Lì Ciari, nel '59, conobbe sua moglie Marcella proprio in un gruppo di lavoro MCE.

[85] Con Aldo Pettini condividiamo l'idea che la figura di Bruno Ciari non può essere disgiunta da quella dell'MCE (in *Bruno Ciari e cooperazione educativa,* 1980, 11-12). Un'idea che ispira il Convegno nazionale dell'MCE organizzato a Modica nel 1990 (28-31 ottobre) dal titolo significativo *Attualità di Bruno Ciari.* Sulla storia del Movimento si veda anche AA.VV., *IL MCE ieri e oggi,* Edicoop MCE, Brindisi 1977; I numeri speciali di «*Cooperazione Educativa*» del 1980, 11- 12 e 1981, 11-12, sui trent'anni del Movimento.

se radicalmente statuto e finalità del Movimento, allontanando quasi tutti i fondatori (lo stesso Tamagnini, o Laporta, che pure era stato fra i maggiori teorici della cooperazione educativa), i quali vedevano nella estrema politicizzazione voluta dalla generazione dei giovani, quasi una perdita dello specifico pedagogico. Inoltre la nuova impalcatura statutaria del Movimento, rischiava di trasformare gli autonomi gruppi territoriali in gruppi d'assalto, spesso l'un contro l'altro armati (il "gruppo di Torino", per esempio, che approfondiva l'impegno storico sulla valutazione e contro la selezione, sui rapporti fra scuola e mondo del lavoro, sulla ricerca d'ambiente e la presa di coscienza socio-politica, praticando anche un lavoro tutto interno alle istituzioni[86], quasi non comunicava con il "gruppo di Roma" che invece, in sintonia con le nuove problematiche poste dalla psicoanalisi, dal femminismo, dalle irruzione di nuove soggettività, approfondiva la ricerca sul corpo, sul desiderio, sull'immaginazione e la creatività, aprendo il "laboratorio" anche ai non insegnanti e cimentandosi su temi come "educazione e terapia" o "l'immagine del maestro"[87]).

Ciari, che aveva respirato la ventata del '68 a pieni polmoni e che perciò era rimasto dentro il Movimento condividendone la proposta antidogmatica e antiautoritaria, cercò, nello spirito della cooperazione, di superare la divisione in-

L'articolo di Rinaldo Rizzi su *Presenza, identità e prospettiva del MCE*, in «*Cooperazione Educativa*», 1982, 7-8.

86 Fra gli esponenti del gruppo di Torino, oltre a Nora Giacobini che per anni curò il Bollettino, vi fu Fiorenzo Alfieri, chiamato dal Comune di Torino a curare l'ammodernamento delle scuole comunali (F. Alfieri, *Il mestiere di maestro. Dieci anni nella scuola e nel MCE*, Emme ed., Milano 1974).

87 O. Mele, *Dieci anni di laboratorio MCE a livello adulto*, in «Cooperazione Educativa», 1982, 7-8, pp. 9 ss. Ortensia Mele con Giorgio Testa, poi direttore della Rivista, fu una delle ispiratrici del gruppo romano. Le loro figure ritornano, oltre che nella rilettura dei numeri di «Cooperazione Educativa» degli anni '70, in un ricordo personale: giovane studentessa di filosofia seguivo i miei genitori, entrambi insegnanti, nei Congressi nazionali dell'MCE, trovando in quel dibattito la corrispondenza non solo con gli autori nuovi che andavo studiando (Foucault, Deleuze e Guattari, Agnes Heller, Ivan Ilich), ma anche con le tematiche della "nuova sinistra": la teoria dei bisogni radicali, la rivoluzione microfisica e desiderante, la liberazione del corpo e dell'inconscio, la ragione della differenza.

terna[88] tentando, anche se per poco tempo (data la prematura morte), di ricucire fra i diversi gruppi territoriali e di mediare fra una prospettiva politica che, lavorando sulle strutture, rischiava di dimenticare la "persona", e una prospettiva psicologica che rischiava di sfociare nel solipsismo, nel narcisismo elitario ed estraneo al principio di realtà. Però, proprio per mantenere fede alle sue radici e al nucleo ancor fecondo dell'attivismo, a un certo punto prese posizione per la parte più libertaria del Movimento, che, in nome dell'affettività e della creatività, aveva avviato una critica serrata alla pedagogia cognitivistica e puramente minuziosamente strutturata nelle procedure curriculari *(mastery learning)* che tanto piaceva alla ideologia dominante e anche a certa sinistra efficientista. Va in questo senso un Documento interno mandato al Consiglio direttivo del MCE in cui Ciari prende nettamente le distanze dal gruppo di Torino che aveva proposto un superamento della "fase artigianale" del Movimento condizionata dalla priorità della motivazione, della comunità, del clima affettivo, in nome di una fase nuova, affidata agli "esperti" e improntata a quella idea rigorosa di scientificità "maturata in altri Paesi", in America soprattutto[89]. Di fronte ad una posizione che sposa in pieno la liquidazione dell'attivismo appena celebrata da Jerome Bruner[90] e che sembra affascinata dai concetti di curricolo, addestramento e istruzione programmata, Ciari parte decisamente all'attacco e critica Bruner, come bandiera "di non pochi conservatori nostrani" sulla cui proposta "grava il sospetto di un addestramento neutro che in fondo neutro non è, perché tende a formare negli individui le abilità intellettuali richieste da una società industriale caratterizzata da una

[88] A. Pettini, *Il Movimento ha trent'anni, in «Cooperazione Educativa»,* 1981, 11-12, pp. 2 ss.

[89] Il Documento del gruppo di Torino è pubblicato, con la relativa risposta di Ciari, ne *La grande disadattata* nel capitolo *Sul dibattito pedagogico in atto nel MCE,* pp. 76 ss.

[90] J. Bruner in *Dopo Dewey, Il principio di apprendimento sulle due culture, 1961* aveva polemizzato duramente contro l'attivismo, soprattutto dewyano, che aveva posto l'accento più sul fare che sul conoscere, più sulla socializzazione che sul compito di specializzazione che la scuola doveva assumere.

tecnologia avanzatissima, in continua fase di ristrutturazione"[91] Brunet, dice Ciari, insiste inoltre sul fatto che "l'apprendimento e l'arricchimento intellettuale rappresentano di per se stessi ricompense, volendo significare che l'addestramento intellettuale non ha bisogno di motivazioni concrete, vitali, sociali, ma si automotiva e si autoricompensa. Affermazione che apre la strada al più vieto autoritarismo: avremmo curricoli modernizzati, tecniche avanzate di addestramento e di acculturazione per uomini considerati strumenti di alta efficienza, ma sempre strumenti senza fini propri e praticamente senza libertà". Il maestro MCE deve invece "riscoprire la motivazione, la partecipazione intellettuale, emotiva affettiva del fanciullo, il soddisfacimento dei suoi bisogni di fondo"[92]; egli perciò non potrà rinchiudersi nell'illusione tutta didatticistica "che la determinazione di curricoli tolga all'insegnante la necessità di una programmazione personale e di un rapporto diretto con ciascun ragazzo"[93]. I curricoli "potremmo fissare livelli concettuali, esemplificare modi di procedere tipici, ma mai fornire la materia didattica"; la quale è invece fornita "dalla capacità creativa e inventiva del maestro, artefice coi ragazzi del reale curricolo"[94]: un maestro che non potrà mai essere sostituito da uno specialista tecnico, da un esperto o tantomeno da una macchina intelligente che, a distanza, detta nozioni alla mente flessibile quanto convergente e solitaria. L'insegnamento è infatti atto vitale, affettivo, collettivo, è slancio, immaginazione, continua invenzione, è formazione della e nella comunità[95], formazione di cui l'istruzione è solo un momento, e nemmeno il più importante, dato che "il momento cognitivo non è mai scisso da quello sociale, morale, emotivo"[96].

---

[91] *Sul dibattito pedagogico in atto nel MCE,* documento inviato nel 1967 ai soci MCE, cit., p. 81.
[92] Ivi, pp. 82-83.
[93] Ivi, p.83.
[94] Ibidem.
[95] Ivi, p. 85.
[96] Ibidem.

Lungi dall'imitare le macchine, lungi dall'eseguire programmi strutturati ed esercitazioni, dal mettere in atto strategie ed obiettivi disciplinanti, l'insegnante democratico - colui/colei cioè che "tende a liberare l'uomo da qualsiasi alienazione e ad esaltarne la creatività" - deve invece praticare una *"didattica viva"*, attenta innanzitutto al rapporto che dà l'impronta alla comunità educativa[97]; dovrà perciò innanzitutto "conoscere il bambino" (e l'uomo in lui) e "accogliere tutta la ricchezza non misurabile che porta entro la comunità scolastica"[98]; dovrà perciò avere con il bambino un'esperienza concreta e quotidiana intessuta della capacità di cogliere occasioni significative anche nei piccoli momenti e di organizzarle verso percorsi educativi, e dovrà animare le attività comuni mostrando sempre al bambino il proprio "stile", la propria coerenza, la interiore schiettezza e sincerità del proprio *"vivere"* secondo i valori a cui tende la sua opera educativa[99]. L'insegnante insomma dovrà, come nella grande lezione di Pestalozzi, "amare il bambino" (e l'uomo in lui)[100], avendo soprattutto, "un'attenzione premurosa a quel che i fanciulli dicono"[101], una fiducia "nelle forze creative dell'infanzia", nelle sue manifestazioni mai scontate o mec-

---

[97] Una posizione originale in un ampio movimento mondiale, in «*Riforma della Scuola*», 1968, 8-9, p. 312 de *La grande disadattata. Didattica viva* (La Nuova Italia, Firenze 1951) è l'opera più importante di Giuseppe Lombardo Radice, complessa figura di filosofo e di pedagogista che, in una fase giovanile, fu collaboratore di Gentile, pervenendo poi a posizioni fortemente critiche dell'autoritarismo, dell'individualismo, del verbalismo, in nome di una "scuola serena" intesa come comunità e laboratorio. La attualizzazione di Lombardo Radice - che per la sua "fiducia nel bambino e nelle forze creative dell'infanzia" (p. 318) dovrebbe essere "assunto a tutti gli effetti nella pedagogia dell'umanesimo socialista" (p. 314) - costituisce per Ciari occasione per ribadire che "il significato di una visione pedagogica non sta nelle varie tecniche di apprendimento e tanto meno nell'arsenale di espedienti di cui la didattica si nutre ogni giorno, ma nel particolare modo di vivere che si realizza nella scuola, nel tipo di rapporto che dà l'impronta alla comunità educativa: rapporto fra maestro e allievo, e fra ragazzi e ragazzi" (Ivi, p. 314).

[98] B. Ciari, Una *esigenza, conoscere il bambino*, in *Le nuove tecniche didattiche*, pp. 19-20.

[99] Pagine bellissime queste in cui Ciari sottolinea come il maestro "deve essere in un certo modo; deve comportarsi, muoversi, parlare, insomma vivere secondo i valori cui tende la sua opera educativa" (Ivi, p. 60).

[100] Ivi, p. 63.

[101] Ivi, p. 23.

canicamente previste, nel gioco, nei disegni, nei canti, nell'errore, nella lingua nativa (popolare o dialettale che sia[102]). Dovrà dunque, come nella coerenza del titolo di questa collana, praticare una *"discesa"*, imparare più che insegnare, traendo vitalità, come nella grande lezione di Rousseau, dalla complessità dell'infanzia individuale e popolare, dal mondo simbolico interiore e collettivo, dal "pensiero selvaggio"[103]. L'insegnante - come nella grande lezione di Socrate, di Dori Milani, di Lombardo Radice[104] - dovrà essere un *maestro* perciò.

[102] Ciari, Una posizione originale in un ampio movimento mondiale, cit. Qui Ciari cita con particolare interesse il discorso di Lombardo Radice sulla valorizzazione della lingua nativa, popolare: un arricchimento delle posizioni gramsciane che prevedevano un "salire" dalla lingua materna e popolare verso la lingua nazionale, con la conseguente rivalutazione di quella che Don Milani chiamava "la lingua dei Pierini e dei Gianni", la lingua della espressività originale e originaria che è nel bambino ma è anche nel popolo, "fatta di canti, racconti, fiabe, proverbi e di tutto un modo di sintetizzare un'esperienza secolare" (ivi, p. 326). È una ripresa che ancora una volta accoglie quanto avveniva nell'MCE, impegnato in una elaborazione di avanguardia che si arricchiva delle indicazioni dell'etnologia e dell'antropologia culturale.

[103] Sulla categoria psicologica e antropologica dell'infanzia mi permetto un rimando al mio Il Fanciullo e l'angelo. Sulle metafore della redenzione, Sellerio, Palermo 1996. Sul "pensiero selvaggio" come espressione dell'infanzia rimando invece al mio Il pensiero all'aria aperta, Palomar, Bari 2003.

[104] Gentile — scrive Ciari — "aveva escluso la legittimità di ogni didattica che presentasse procedimenti tipici, particolari tecniche, tali da aiutare l'insegnante nella propria opeta. L'educazione non è altro che il pieno svolgimento dello Spirite e coincide in pieno con la formazione dell'uomo, Chi è maestro possiederà tutti i metodi possibili perché saprà scegliere sempre le parole più adatte a promuovere l'umanità di un certo alunno, che non somiglierà mai ad un altro... Lombardo Radice fa propria l'esigenza gentiliana nella misura in cui essa reagisce ad una pretesa (sempre ricorrente) di ridurre il processo educativo ad una routine, in cui ci si ispira passivamente a modelli di educazione didattica elaborati da alttui. L'opera educativa deve essere nutrita di immaginazione, slancio creativo e continua invenzione (p. 329). Ma essa, nello spitito cooperativo e comunitario, deve sapersi anche "*nutrire della didattica altrui*", delle esperienze dei maestri, senza rimanere in un "sovramondo" (Ivi, p. 330).

Bibliografia

Scritti di Bruno Ciari citati

Le nuove tecniche didattiche, Editori Riuniti, Roma 1961.

La grande disadattata, a cura di A. Alberti, Editori Riuniti, Roma 1973.

I modi dell'insegnare, a cura di A. Alberti, Editori Riuniti, Roma 1973.

Osservazioni scientifiche per la scuola media, Sansoni, Firenze 1965 con prefazione di Aldo Visalberghi.

Tecniche e valori, in «Cooperazione Educativa», 1955,5

Conoscere il mondo, in «Riforma della Scuola», 1957,5

Processo di ricerca, in «Riforma della Scuola», 1957, 5.

Valorizzare le scoperte dei fanciulli in «Riforma della Scuola », 1957, 8-9.

Educazione civile e Costituzione, in «La Didattica di Riforma », 1958, 9.

Per la deliberazione del fanciullo, in «Cooperazione Educativa », 1960, 6.

Per l'educazione estetica in «Cooperazione Educativa», 1961, 9.

Il fanciullo e la scienza, in «Didattica della Riforma», 1961, 2.

Materiali didattici e calcolo vivente, in «Cooperazione Educativa », 1961, 6.

Per un dialogo costruttivo, in «Riforma della Scuola», 1962, 3.

Il fanciullo e la storia, in «Didattica della Riforma», 1962, 2.

Non è possibile separare una nozione dal metodo per acquistarla, in «Riforma della Scuola», 1962,6-7.

Lo spirito scientifico, in «Riforma della Scuola», 1963, 6-7. *La finalità sociale,* in «Cooperazione Educativa», 1963, 8-9. *Motivazione e metodologia,* in «Cooperazione Educativa», 1963,8-9.

Esplorando l'ambiente, in «Didattica della Riforma», 1963, 8 -9 e 10.

Testimonianze, «Scuola e Città», 1965.

Per una nuova didattica, in «Cooperazione Educativa», 1965,12.

Una posizione originale in un ampio movimento mondiale in «Riforma della Scuola», 1968, 8-9.
Dentro e fuori il tempo pieno, in «Riforma della Scuola», 1968, 1.
Bologna: esperienze e problemi, in «Riforma della Scuola», 1969,8-9.
Organizzazione ambientale della scuola per l'infanzia, in Quaderni del "Febbraio Pedagogico Bolognese", Comune di Bologna ed., 1969, 8.
La scuola a tempo pieno, in Quaderni del "Febbraio pedagogico Bolognese", Comune di Bologna ed., 1969,7.
I problemi sul tappeto, in «Riforma della Scuola», 1970, 1.

Scritti su Bruno Ciari

Atti del Convegno nazionale *Bruno Ciari: significato di una esperienza per il rinnovamento della scuola e della società,* Certaldo, 11-13 settembre 1980.

Atti del Convegno Nazionale *Bruno Ciari quindici anni dopo,* a cura dell'Istituto Gramsci, Roma 1986.

Atti del Convegno nazionale *Attualità di Bruno Ciari,* Modica, 28-31 ottobre 1990.

Alfieri F., *Ricordando Ciari,* in Cooperazione educativa n. 6-7,1986.

Alfieri F., *Nel Movimento di cooperazione educativa,* in «Riforma della Scuola», 1980, 9.

AA.VV., Lo *strano soldato. Autobiografia della Brigata Garibaldi "Spartaco Lavagnini,* Milano, La Pietra 1976.

AA.V.V., *Bruno Ciari e la nascita di una pedagogia popolare in Italia,* a cura del "Centro Studi Bruno Ciari", Firenze 1971.

Bini G., *La pedagogia attivistica in Italia,* Editori Riuniti, Roma 1971.

Bini G., *Bruno Ciari, un maestro,* in «Riforma della Scuola», 1970, 8-9.

Catarsi E., (a cura di), *L'esperienza educativa e politica di Bruno Ciari,* La Nuova Italia, Firenze 1982 (con Scritti di A.Visalberghi, T. Tomasi, E Frabboni, C. Covato, E. Catarsi, M. Lodi, R. Laporta).

Catarsi E., *Bruno Ciari educatore di Certaldo (1923-1970),* in «Miscellanea storica della Valdelsa», LXXXVI, 1980.

Catarsi E., *L'assessorato al Comune di Certaldo,* in «Cooperazione Educativa»,, 1980, 11-12.

Catarsi E., *AldoPettini ricorda Bruno Ciari,* in «Cooperazione Educativa», 1981,2,.

Frabboni F., *Bruno Ciari a Bologna,* in «Cooperazione Educativa», 1980,11-12,

Laporta R., *Bruno Ciari, maestro,* in «Scuola e Città», 1970, 10.'

Maracci M., *Oltre le tecniche, lo stile,* in «Cooperazione Educativa», 1982,3,

Pettini A., *Origini e sviluppo della cooperazione educativa in Italia, Dalla CTS al MCE (1951-1958),* Emme edizioni, Milano 1980.

Pettini A., *Presenza di Bruno,* in «Cooperazione Educativa», 1970, 9.

Pettini A., *Bruno Ciari e cooperazione educativa,* in «Cooperazione Educativa», 1980, 11-12,

Pettini A., *"Bruno Ciari quindici anni dopo»* in «Cooperazione Educativa», 1986, 6-7.

Rodari G., *Bruno Ciari e la nascita della pedagogia popolare in Italia,* in *Bruno Ciari e la pedagogia popolare,* cit.

Rodari G, *Un amico, un maestro,* ne «Il Giornale dei genitori», 1970, 10-11,

Tomasi T., *L'attivismo di Bruno Ciari,* in «Cooperazione Educativa», 1980, 11-12,

Visalberghi A., *Bruno Ciari per il rinnovamento del sistema scolastico,* in «Cooperazione Educativa», 1980,11-12.

Scritti di riferimento generale

Alfieri F, *Il mestiere di maestro. Dieci anni nella scuola e nell'MCE,* Emme ed. Milano 1974.

Alicata M., *La Riforma della scuola,* Editori Riuniti, Roma 1956.

AA.V.V., *Il MCE ieri e oggi,* Edicoop MCe, Brindisi 1977.

AA.V.V., *A scuola con il corpo,* Quaderno di Cooperazione Educativa, La Nuova Italia, Firenze 1974, 8.

AA.V.V., *Lettera ad una professoressa,* Libreria editrice fiorentina, 1967.

De Bartolomeis F. *Introduzione alla didattica della scuola attiva,* La Nuova Italia 1958.

Bertoni Jovine D., *La pedagogia di Makarenko* in «Belfagor», 1955.

Bertoni Jovine D., *Il contenuto non è indifferente,* in «Riforma della Scuola», 1962,2.

Bini G., *Pedagogia attivistica in Italia,* Editori Riuniti, Roma 1971.

Borghi L., *Il fondamento dell'educazione attiva,* La Nuova Italia, Firenze 1952.

Bruner J.S., *Verso una teoria dell'istruzione,* Armando, Roma 1967.

Cambi F., *Libertà da... L'eredità del marxismo pedagogico,* La Nuova Italia, Firenze 1994,

Canella, Poletti, Cattani, *La scuola e l'igiene mentale,* in «Riforma della Scuola», 1969, 10.

Codignola E., *Avviamento allo studio della pedagogia,* 1938.

Codignola E,, Le *"scuole nuove e i loro problemi",* La Nuova Italia, Firenze 1946.

Codignola E., *Educazione liberatrice.* La Nuova Italia, Firenze 1947.

De Bartolomeis E, *Introduzione alla didattica della scuola attiva.* La Nuova Italia, Firenze 1958.

De Ruggero G., *Ricostruzione filosofica,* Laterza, Bari 1931.

Dewey J. *Logica, teoria dell'indagine,* traduzione di A. Visalberghi, La Nuova Italia Einaudi, Torino 1949.

DeweyJ. *Esperienza ed educazione,* con traduzione e introduzione di E. Codignola, La Nuova Italia, Firenze 1950.

Dewey J. *Natura e condotta dell'uomo. Introduzione alla psicologia sociale.* Traduzione di G. Preti e A. Visalberghi, La Nuova Italia, Firenze 1958.

Dewey J. *Democrazia ed educazione,* traduzione di E. Agnoletti, La Nuova Italia, 1961.

Don Milani, *Lettera ad una professoressa,* Libreria editrice fiorentina, Firenze 1967.

Gramsci A., *Gli intellettuali e l'organizzazione della cultura,* Editori Riuniti, Roma 1971.

Eynard R., *Freinet e le tecniche cooperativistiche,* Armando, Roma 1968.

Feyerabend P., *Contro il metodo,* Feltrinelli, Milano 1979.

Frabboni E., *Manuale di didattica generale,* Laterza, Roma- Bari 2004.

Frabboni E e Pinto Minerva E, *La scuola dell'infanzia,* Laterza, Roma-Bari 2007.

Freinet C., *L'education du travail,* Ed. Delachaux, Neuchatel 1934.

Freinet C., *Saggio di una psicologia sensibile applicata all'educazione,* Le Monnier, Firenze 1972.

Freinet C., *La scuola del popolo,* Editori Riuniti, Roma 1973.
Freinet C., *La stampa periodica per l'infanzia,* «Scuola e Città», 1950,
Freinet C., *Le mie tecniche,* La Nuova Italia, Firenze 1969
Freinet C. e E., *Nascita di una pedagogia popolare,* con prefazione di G. Tamagnini, La Nuova Italia, Firenze 1963.
Freinet C. e E., *Bandes, enseignantes et programmation,* BEM, Cannes 1965.
Le Bohec P., *C'è un aspetto politico nella pedagogia di Freinet?,* in «Cooperazione Educativa», 1985, 6.
Lodi M., *Quando i maestri erano pionieri,* in «Cooperazione Educativa», 1985, 6.
Lombardo Radice G., *Didattica viva,* con introduzione di Ernesto Codignola, La Nuova Italia, Firenze 1951.
Lombardo Radice L., AS. *Makarenko,* in "Atti del Convegno di Siena", ass. Italia-URSS 1951.
Makarenko A.S., *Poema pedagogico,* ed. Rinascita, Roma 1955.
Makarenko A.S., *Questioni di pedagogia scolastica sovietica,* Armando, Roma 1960.
Manacorda M., *Il principio educativo in Gramsci,* Armando, Roma 1970.
Marchetti L., *Il Fanciullo e l'Angelo,* Sellerio, Palermo 1996.
Marchetti L., *Il pensiero all'aria aperta,* Palomar, Bari 2003.
Marchetti L., *"Alfabeti ecològici"* in *Ecologia politica,* ed. Punto Rosso, Milano 2007.
Marx K., *Manoscritti economico-filosofici del '44,* Einaudi, Torino 1968.
Mele O., *Dieci anni di laboratorio MCE a livello adulto,* in «Cooperazione Educativa», 1986, 6-7.
Nietzsche F. *Sull'avvenire delle nostre scuole,* Adelphi, Milano 1975.
Nietzsche F. *Considerazioni inattuali* (in particolare *Schopenhauer Educatore),* Boringhieri, Torino 1958.
Pescioli I. *Per la storia della scuola di base degli anni '50,* in «Cooperazione Educativa», 1981, 11-12.
Pettini A. *Célestine Freinet e le sue tecniche,* La Nuova Italia, Firenze 1968,
Pettini A. in *Origini e sviluppo della cooperazione educativa in Italia. Dalla CTS al MCE (1951-1958),* Emme ed., Milano 1980.

Pettini A. *Il Movimento ha trentanni,* in «Cooperazione Educativa», 1981, 11-12, pp. 2 ss.
Pettini A. *Ancora sul tâtonnement,* in «Cooperazione Educativa», 1985, 6.
Rizzi R. *Presenza, identità e prospettiva del MCE,* in «Cooperazione Educativa», 1982, 7-8.
Rizzi R. *La Dimensione internazionale della pedagogia Freinet,* in «Cooperazione Educativa», 1984,5.
Tamagnini B. *Didattica operativa,* ed. MCE, 1965.
Tamagnini G. *La preistoria della CTS,* in «Cooperazione Educativa», 1981,11-12.
Tomasi T. *Scuola e pedagogia in Italia (1948-1960),* Editori Riuniti, Roma 1978,
Visalberghi A. *Scuola aperta,* La Nuova Italia, Firenze 1962.
Visalberghi A. *Bruno Ciari per il rinnovamento del sistema scolastico,* in «Cooperazione Educativa», 1980, 11-12.

SAGGI SCELTI DI BRUNO CIARI

I
Lo spirito scientifico[1]

Diceva, poco meno di cent'anni or sono, il Gabelli che «il difficile a conseguire non è la scienza, ma è lo spirito scientifico atto ad edificarla».

Io ho notato in questo convegno una confortante, positiva unanimità proprio su questo punto, cioè nel non considerare utile, ai fini della formazione dello spirito scientifico, quel che non è affatto difficile a conseguire, vale a dire la «scienza», ovviamente intesa (come Gabelli la intendeva nel suo discorso) quale edificio libresco prefabbricato, predisposto in porzioni da trasmettere un po' per volta col solito meccanismo della spiegazione-ripetizione. È significativo che sia condannata l'idea di un insegnamento manualistico della scienza, e che invece si sia posto l'accento sulla formazione dell'abito, dello spirito scientifico, cioè sulla costruzione da parte del ragazzo stesso (certo dietro lo stimolo e la guida dell'educatore) delle proprie strutture intellettuali e della propria cultura scientifica. Ora (sia detto questo tra parentesi), perché non estendere questo criterio a tutti gli altri settori dell'apprendimento e della formazione della personalità del ragazzo?

Lo spirito scientifico è stato definito da tutti, mi pare, un abito generale a considerare ogni aspetto della realtà fisica, naturale, economica e sociale, col metodo dell'esame dei fatti, della verifica sperimentale, della ragione critica. Vorrei spendere brevemente qualche parola sul modo con cui questo spirito può essere fondato e consolidato fin dal primo ciclo della scuola primaria, anzi, vorrei dire, fin dalla scuola materna. Il problema della formazione dello spirito scientifico non può

[1] Intervento tenuto al Convegno dell'Istituto Gramsci, riprodotto in "riforma della scuola", 1963, 6-7.

conoscere livelli separati, compartimenti stagni. In particolare, il problema dei programmi della scuola dell'obbligo (parlo della scuola ottennale) va considerato in maniera unitaria, per cui non è possibile modificare il *curriculum* della scuola media senza rimettere in questione i programmi del quinquennio precedente. Debbo qui anticipare un punto che volevo toccare in ultimo: le considerazioni di cui sopra dovrebbero portarci in concreto ad avanzare nella prossima legislatura una proposta: quella della riforma dei programmi della scuola primaria, che debbono essere strutturati in una linea di continuità con quelli della nuova scuola media unitaria.

In parecchie riunioni che si svolsero in Firenze a Scuola-Città, organizzate in collaborazione tra la scuola suddetta, il Movimento di Cooperazione Educativa e la delegazione fiorentina dei CEMEA, fu rilevato da tutti che come base preparatoria alla formazione dell'abito scientifico si dovrebbe considerare l'attività operativo-costruttiva, cioè, in parole povere l'attività del manipolare, del toccare, del fare e disfare, del costruire, la quale mette il fanciullo a contatto con le qualità e le proprietà dei materiali, promuove abiti di precisione, autocontrollo, destrezza, implica a più alti livelli certe misurazioni, certi calcoli, e fa emergere infine problemi scientifici veri e propri. Questo tipo di attività non è un «di più», ma costituisce la base essenziale dell'apprendimento della matematica e della scienza in generale, poiché come rammenta sempre Pescarini richiamandosi a Piaget, se non si è operato prima con le mani, coi piedi, mettendo in moto - direi - tutto il nostro essere, non si potranno interiorizzare queste operazioni oggettive, non si potranno dare vere e proprie operazioni intellettuali, non potrà quindi svilupparsi lo spirito scientifico.

Occorre quindi dare largo posto nella scuola a queste attività operativo-costruttive, fin dalla scuola materna, fin dal primo ciclo. Ora, siccome queste attività, assieme a quelle ludiche, ricreative ed espressive, di cui parleremo, non possono essere pienamente sviluppate nei limiti ristretti dell'orario attuale, bisognerà estendere, dilatare la vita di scuola al pomeriggio, non tanto realizzando un doposcuola posticcio ed estraneo, ma realizzando una scuola a più ampio respiro, una scuola «globale», totale, nel senso che abbracci l'intera giornata, e stimoli e impegni ogni aspetto della personalità infantile. Soltanto una scuola di questo tipo potrà dare spazio alla esperienza scientifica, dai livelli meno elevati a quelli più alti.

Parrebbe, di primo acchito, che non ci dovesse essere punto di contatto tra attività espressiva, creativa, ed esperienza scientifica. C'è invece un rapporto stretto. Il fanciullo che, per esprimersi, maneggia pennelli, colori, carta e cartoni, pietruzze, ecc.; che ritaglia, incolla, modella e via dicendo, sviluppa per questo fatto abiti di concretezza, di aderenza alle cose, di una certa esattezza, che concorrono alla formazione di un abito scientifico generale, in cui, d'altronde, è presente sempre un aspetto creativo, che si palesa nella capacità dello scienziato vero di servirsi dei mezzi più semplici offerti dall'ambiente prossimo per le proprie esperienze.

Ma, giacché siamo tutti d'accordo che la formazione scientifica deve partire dai fatti, dalle osservazioni, dalle esperienze effettive del fanciullo, mi preme porre in luce come la più importante delle attività espressive, il testo libero, stimoli il ragazzo ad osservare meglio la realtà, a immergersi nell'esperienza.

Generalmente, quando il ragazzo varca la soglia della scuola, perde i contatti coi tatti, con l'esperienza viva. Non parlo della scuola di ieri, ma, purtroppo, di quella di oggi. Non solo il fanciullo, venendo a scuola, come giustamente diceva Lombardo Radice, è immerso in un'atmosfera magica, di confusione tra scienza e favola, di superstizione moderna (le denunce sono troppe in questo senso), ma lo stesso apprendimento della lingua sottolinea il divorzio con i fatti. In parecchie scuole, se andiamo a vedere i pensierini dei ragazzi, nel primo ciclo, troviamo, ad esempio, che si parla della «mamma»; ma non di una particolare mamma, fatta in un certo modo, che ha detto o fatto una certa cosa; si parla della «mamma in generale» come di un concetto astratto (è buona, è l'angelo della casa, ecc.). I pensieri sono tutti uguali, stereotipati. Non si parla di un certo cane, di un certo acquazzone che è venuto poco fa, ma del «cane», della «acqua» che è limpida, buona, utile all'uomo. E quando arriviamo al tema che cosa troviamo? Vi è solamente un progresso in estensione: qui i soliti pensieri stereotipati sono molti. In genere il componimento è convenzionale, dominato dal moralismo astratto; l'esperienza genuina non vi trova posto. Vorrei a questo punto sottolineare quanto sia giusta l'impostazione sostenuta dal Movimento di Cooperazione Educativa, proposta anche dalla Didattica di Riforma, secondo cui fin dal primo istante di vita scolastica, fin dal primo momento in cui il fanciullo dice o scrive una parola, una proposizione, deve esprimere quel che ha visto, quel che ha sentito o vissuto in un certo luogo e in un certo tempo; non ci dev'essere, a nessun livello dell'apprendimento della lingua, nessuna composizione che non rispecchi un'esperienza sui generis, un pensiero effettivo, reale. Nessuna concessione al generico, allo schematico, al convenzionale. Il «cane» come astrazione potrà venire più tardi, nel contesto di un pensiero scientifico maturo.

Ebbene, col testo libero il ragazzo è indotto ad osservare intorno a sé, in famiglia e fuori, entro l'aula, dappertutto, e a raccontare con precisione, originalità, concretezza. Tutto questo non porta in direzione dello spirito scientifico? Del resto, i primi testi liberi sono racconti indifferenziati della esperienza, si tratti di parlare di un gioco, di uno scherzo, di un evento familiare, oppure delle piantine di grano che spuntano e crescono o della canarina che ha deposto le uova. Dal testo libero iniziale, globale, si differenzieranno pian piano la relazione scientifica vera e propria e gli aspetti più creativi della composizione. Quanto si è detto, mi pare, basta a far rilevare come una retta impostazione dell'apprendimento linguistico e delle attività espressive in genere concorra alla formazione scientifica. Potremmo anche dire che quest'ultima rifluisce poi positivamente nel campo espressivo (ricchezza e precisione di vocaboli, maggior rigore nelle strutture logiche del discorso, sviluppo del racconto a sfondo scientifico o fantascientifico che notiamo nei nostri ragazzi), ma il discorso ci porterebbe troppo lontano. Voglio aggiungere solo a quanto ho detto sopra che, insegnato com'è oggi l'italiano, non c'è davvero bisogno di aggiungere, nel *curriculum* della scuola media, un'altra lingua morta; l'italiano è la vera lingua morta.

La formazione dello spirito scientifico, s'è detto, deve partire dall'esperienza. Bisognerà quindi uscire molto di più dalle quattro anguste pareti dell'aula, per vivere e osservare nel mondo circostante (a questo proposito occorre denunciare i limiti scoraggianti di carattere burocratico che impediscono le gite di esplorazione, le ricerche ambientali); bisognerà osservare di più dalle finestre, che se non altro ci discoprono il mondo dei fenomeni meteorologici; bisognerà portare in aula frammenti viventi della natura, come terrari, acquari, vivari di ogni specie, e ogni specie di essere che possiamo reperire nelle esplorazioni.

Sulla base di questo materiale, sulle esperienze cui esso può dar luogo, può fondarsi il promovimento dello spirito scientifico.

«Ma - può domandare qualcuno - si parla di partire dall'esperienza, dai fatti; da quali fatti? Da quale esperienza?»

È stato detto giustamente che non interessa tanto il punto di partenza; interessa invece la prospettiva. Qui io sono d'accordo con Lucio Lombardo Radice quando afferma che la ricerca non deve prendere le mosse da una qualsiasi curiosità episodica del fanciullo, ma da un interesse educativamente valido. Ma che cos'è un interesse valido sul piano educativo? A parte la fondatezza psicologica di un interesse incipiente, questo è anche motivato pedagogicamente quando in esso coincidono lo slancio conoscitivo del fanciullo e la prospettiva dell'educatore, il quale sa che attraverso una determinata ricerca si riveleranno certi problemi, certi contenuti culturali, certi orizzonti nuovi. L'educatore, nel prendere in considerazione un interesse incipiente, mette in atto un proprio proposito, opera selettivamente, opta (potrei dire anche «lotta») per certe cose. Ho adoperato il termine «lottare» e voglio sottolineare energicamente questa parola.

Ci dev'essere nell'educatore il proposito di lottare contro tutto quello che di deteriore ci viene quotidianamente dall'esterno. Diceva Dino Platone, giustamente, che dal di fuori ci vengono anche degli stimoli positivi; alla televisione possiamo anche assistere ad una interessante trasmissione di carattere scientifico: nel campo librario, ci sono alcune buone opere divulgative.

Ma se potessimo qui portare una abbondante documentazione, ch'esiste, si potrebbe dimostrare che ancora il peso dell'ambiente, inteso sotto tutti gli aspetti (famiglia, strada, vita spontanea di gruppo, cinema, TV, fumetti, ecc.), è largamente negativo. Noi, a scuola, dobbiamo fare quotidianamente i conti con Maciste («Ma esisteva davvero?» i ragazzi si chiedono, «Ha compiuto quelle imprese?»), con i falsi eroi dello sport, dei giornalini, del cinema. Troppa erbaccia maligna portano i ragazzi a scuola ogni mattina. A tutto questo si aggiunga il peso del pregiudizio, della passività, dei residui di mentalità magica che ancora persistono largamente, per lo meno per quanto riguarda l'ambiente sociale in cui io vivo, che non è poi dei più arretrati. È chiaro che, contro tutti questi elementi negativi, la scuola si deve porre in termini di contraddizione, di lotta intelligente e intransigente. Non si tratta di sostituire meccanicamente, in maniera autoritaria, un contenuto a un altro, ma di creare le condizioni per cui i ragazzi con le proprie forze, con un processo costruttivo dei propri abiti e della propria cultura, (che è *«il loro processo»),* si sviluppino e conquistino i valori che per noi stanno alla base della convivenza democratica, civile, socialmente e culturalmente avanzata. Se il tempo non mancasse, potremmo anche indicare alcune prospettive di sviluppo, alcuni obiettivi che l'educatore si deve proporre.

Abbiamo già definito lo spirito scientifico come abito generale; ora dobbiamo vedere più analiticamente quali sono gli elementi che concorrono a formare quest'abito.

Intanto, non basta un atteggiamento critico, sperimentale, razionale, di fronte ai fatti e ai problemi; posto che un problema sia sentito, ch'esista l'interesse a risolverlo, occorre sapersi muovere per tentare la soluzione; occorre che il ragazzo, fin dal secondo ciclo della scuola primaria, e a maggior ragione nel periodo della media, impari a formulare piccoli «progetti» di esperienze, a saper adoperare tutta una serie di misure e di strumenti di misurazione, a raccogliere i dati dell'esperienza in maniera ordinata (sistemandoli quando occorra in grafici, specchi, diagrammi, ecc.); deve saper discutere sui dati, fare una relazione obiettiva, e, al livello più alto, formulare semplici ipotesi, compiere sperimentazioni e trarre conclusioni. Insomma, il ragazzo deve incominciare a impadronirsi delle tecniche caratteristiche della scienza, per cui il suo proposito di ricercare non rimane un vano conato ma si traduce in azione pratica e consegue il suo fine.

Debbo a questo punto riprendere un discorso lasciato in sospeso. E importante, come ha detto Lombardo Radice, che la ricerca scientifica non sia intesa come un «osservare per osservare», come se l'insegnante dovesse giungere a scuola e dire: «Ragazzi, osserviamo...». Questa sarebbe una banalità. La ricerca dev'essere sempre motivata da un problema, da un dubbio, da un contrasto; si ricerca quel che non sappiamo e vogliamo chiedere a noi stessi e agli altri.

Detto questo, è bene riaffermare che per la educazione scientifica non esiste un *iter* obbligato; non è detto che si debba incominciare dagli infusori, o dall'uomo, o dalla germinazione delle piante. I fenomeni dell'universo sono tutti strettamente connessi a interagenti; basta tirare un anello, che questo porta con sé, via via, tutta la catena. Debbo dire a questo punto che io sono ancora pienamente d'accordo con Lucio Lombardo Radice quando afferma che lo spirito scientifico non può consistere solo in una serie di attitudini, abiti, capacità, ma deve consistere anche, mi permetto di usare questa parola, nello sviluppo di una «concezione del mondo». C'è chi parla (a proposito del potere d'inquadrare un fatto in un insieme, di valutarlo, di rapportarlo ad altro) di *struttura o sistema di riferimento,* io penso si possa addirittura palare di concezione del mondo nel fanciullo; del resto anche il Gesell adopera questo termine per il bambino di 2-3 anni.

Ora, io ho riflettuto molto su questo fatto; che la ipotesi (che il ragazzo può formulare in presenza di un problema) è condizionata dalla concezione, o struttura o sistema di riferimento, che egli possiede. Non si parte dal nulla; Dewey ha già affermato che nell'abbozzare una possibile soluzione al problema, noi ci riferiamo sempre a conoscenze anteriori. Nel chiederci se il sale, ad esempio, preserverà la carne dal decomporsi, ci riferiamo al potere del sale d'inibire la vita dei microorganismi che già conosciamo.

Ma non è che ci riferiamo alle conoscenze anteriori come

pescando in un magazzino di nozioni ammucchiate. L'ipotesi che noi facciamo è diversa in rapporto alla diversa concezione che abbiamo. Qui io ho pensato ad esempio: un bambino presenta sintomi di un male difficilmente identificabile; il medico, in base ad un suo sistema di riferimento, interpreta quei sintomi, formula delle ipotesi, imposta delle ricerche per identificare le cause e scegliere i mezzi della guarigione; la nonna, d'altra parte, imbevuta di mentalità magica, formula un'ipotesi completamente diversa: che il fanciullo sia stato avvicinato da una vicina (che tutti dicono sia strega) e che abbia ricevuto il malocchio; la nonna si preoccupa di verificare questa ipotesi attraverso tutto un procedimento, e poi di scongiurare il malocchio mediante certi mezzi. Guardate che questo fatto non è inventato, corrisponde ad un episodio reale. Come si è visto, in base allo stesso problema, agli stessi sintomi, nascono ipotesi completamente diverse in rapporto a strutture differenti. Questo è un caso limite, il quale però dimostra, mi pare, che la struttura o concezione condiziona l'ipotesi.

Mi sembra dunque giusto affermare che ipotesi e struttura si condizionano reciprocamente, e se un certo sistema di riferimento è il risultato di un modo di procedere che noi diciamo scientifico, è anche vero che il processo è condizionato dalle strutture, dalla concezione che si possiede.

È chiaro allora che non dobbiamo sottovalutare l'importanza di certi sistemi di riferimento, come quelli riguardanti la evoluzione degli esseri, la interazione o transazione esistente fra tutti gli esseri, l'idea più particolare della transazione uomo-ambiente e delle funzioni dell'essere vivente viste in questo rapporto. Questi concetti possono e debbono essere compresi nell'arco della scuola ottennale.

Ora, io direi che sia importante venire ad alcune proposte. D'accordo con Lucio Lombardo Radice e Pescarini, torno a riproporre una riforma dei programmi della scuola elementare che, per quanto riguarda ad esempio le scienze e ancor più la matematica, sono assolutamente inadeguati e addirittura ridicoli.

Per quanto riguarda la preparazione degl'insegnanti ci sono state molte proposte, ma proposte che attendono la soluzione da un provvedimento legislativo, che sono inerenti a modifiche dei corsi, dei programmi, ecc. E giusto, dobbiamo lottare perché questi provvedimenti vengano presi dal parlamento; ma io dico: perché attendere? Mentre lottiamo sul piano giuridico-legislativo, perché non svolgere un'azione, da parte di Riforma della Scuola o dell'Istituto Gramsci, per promuovere un'opera autonoma di formazione, di perfezionamento degli insegnanti? Se qualcosa si è fatto di buono in Italia (è bene ribadirlo) per quanto riguarda la formazione d'insegnanti di tipo nuovo, questo si deve a certi movimenti di base come il CEMEA, il Movimento di Cooperazione Educativa e altri gruppi, i quali, fidando solo sulle proprie forze, hanno promosso il rinnovamento non tanto e non solo delle tecniche, ma degli educatori. Ora, io penso che l'Istituto Gramsci, che la «Riforma della Scuola», date le maggiori possibilità di cui dispongono, debbano non solo promuovere quella iniziativa utilissima che ha avanzato Dina Jovine (apprestare una guida metodologica per gli insegnanti di scienze della scuola media), ma compiere uno sforzo per colmare il vuoto pedagogico e metodologico che esiste, specie nell'ultimo triennio della scuola ottennale.

Occorre indire convegni, specialmente residenziali, giornate di studio, dibattiti, scambi; dobbiamo muoverci sul terreno pedagogico, della vita di scuola, oltre che su quello organizzativo e legislativo. E quel che vale per la educazione scientifica vale anche per gli altri aspetti dell'apprendimento (lingua, matematica, storia), poiché sarebbe assurdo modernizzare l'insegnamento scientifico e lasciare la muffa pedagogica sugli altri settori di apprendimento.

Vorrei anche ribadire l'importanza della compilazione di nuovi testi. Un testo di carattere nuovo, moderno, valido scientificamente e pedagogicamente, può essere uno strumento prezioso di rinnovamento, poiché in genere l'insegnante si affida molto al testo. Tutto sta a produrlo, farlo adottare, affiancare ad esso una guida metodologica (proposta Jovine) che può essere implicita nel testo oppure separata. Il problema dei testi è urgente, e non solo per la scuola media. Noi ci facciamo un sacco di risate sugli svarioni, sulle enormità, e denunciamo tante volte le grossolane falsificazioni, le offese alla verità. Ma è chiaro che un movimento democratico non può assolvere una funzione egemonica, di avanguardia, se non è capace esso stesso di produrre gli strumenti culturali auspicati. Questo noi dobbiamo fare: impegnarci sul concreto della lotta pedagogica, assumere un atteggiamento critico, ma operante e costruttivo.

II
Conoscere il mondo[2]

Il problema dell'apprendimento scientifico non può ridursi a semplice questione di procedimento didattico. Intendiamoci: il momento didattico è importantissimo, direi essenziale, in quanto costituisce l'attuazione pratica dei princìpi e dei valori educativi. Senza didattica, dunque, non c'è educazione; ma, se non abbiamo chiara coscienza dei fini o valori, che continuamente si realizzano nell'attività pratica, il momento didattico rischia di tramutarsi in accolta di espedienti, in astratto e vuoto tecnicismo.

Una nuova impostazione dell'attività educativa, che valorizzi al massimo, fin dalla scuola primaria, l'apprendimento scientifico, prima che un'esigenza di rinnovamento metodologico è una necessità nazionale e sociale, cui la scuola non può sfuggire senza venir meno alla sua funzione. L'opera educativa non si rivolge ad una umanità astratta, ma alla nazione reale, con i suoi problemi, le sue esigenze, le sue contraddizioni. Ignorare, sotto qualsiasi aspetto, le condizioni in cui si viene formando la personalità dei nuovi membri del gruppo sociale significa condannare la propria attività educativa alla sterilità. Non è vero educatore chi non sa guardarsi intorno e non vive appassionatamente i problemi del suo tempo; non può educare chi è privo di alti ideali umani.

Non si tratta di portare nella scuola punti di vista consolidati ed esclusivi, ideali chiusi e di parte. Si tratta d'interpretare le esigenze progressive di tutta la comunità nazionale. Ora, la necessità di porre il metodo scientifico alla base di tutto il nostro rinnovamento culturale ed educativo non rappresenta un'istanza di parte, ma è qualcosa che scaturisce da tutto il moto di rinnovamento politico e sociale che caratterizza l'Italia di oggi.

---

[2] Da «Riforma della Scuola», 1957,4, pp. 11 ss.

Strano a dirsi, la stessa necessità ed esigenza era affermata quasi cent'anni or sono dal Gabelli, che considerava una retta educazione scientifica come il massimo fattore per la formazione di una coscienza nazionale e moderna. Il Gabelli, nel suo insistente invito al metodo scientifico, guardava non solo e non tanto all'incultura e all'analfabetismo che caratterizzavano strati vastissimi del nostro popolo, quanto ai pregiudizi, ai miti, alle vacuità scolastiche e metafisiche che dominavano la nostra cultura. Egli affermava che «per rimediare a questi caratteri del nostro secolo abbisognamo sopra ogni cosa di testa chiara. Ma la testa non diventa chiara se non coll'assiduo esercizio della riflessione; e la riflessione vuol essere adoperata nella ricerca, nell'esame e nel giudizio, non della pietra filosofale o del moto perpetuo, ma semplicemente dei fatti». A fondamento della nuova educazione, il Gabelli non pone un incremento delle nozioni da impartirsi, ma la ricerca scientifica, che parta dai fatti, dalla realtà effettuale, per risalire ai princìpi. Si tratta di promuovere nelle giovani generazioni attitudini e abiti scientifici; infatti, egli afferma che «il più difficile a conseguire non è la scienza, è lo spirito scientifico che serve ad edificarla». Tale spirito, oltre che costituire un abito e ingenerare una visione scientifica della realtà, deve investire anche la sfera dei sentimenti, suscitando negli animi l'amor del vero. La verità scientifica dev'essere perseguita, amata, difesa ad ogni costo come il massimo dei valori. Su di essa deve imperniarsi il rinnovamento civile d'Italia.

A quasi un secolo di distanza, non possiamo dire che in Italia nulla sia cambiato. Vi è stato uno sviluppo economico, con i caratteri che tutti conoscono, e uno sviluppo sociale e politico che ha trovato la sua espressione nella Costituzione della Repubblica. In conseguenza, non poteva non verificarsi un incremento culturale. Con tutto questo, gli stessi motivi che stavano alla base dell'esigenza espressa da Gabelli non son venuti meno. L'analfabetismo non è stato eliminato interamente neanche al livello più basso, per non parlare dell'incultura paurosamente diffusa. Ma la questione non sta qui. Anche se lasciamo andare la situazione delle zone depresse (che non s'identificano con il Sud) e dei nullatenenti del sapere, rimane il problema più serio: qual è il carattere della nostra culture? Possiamo dire di esserci liberati dai pregiudizi, dalle superstizioni, dalla tronfia e vuota retorica, dalle pinzillacchere metafisiche, dal vieto dogmatismo? No di certo.

La scienza è giunta, per quanto riguarda il perfezionamento degli strumenti e dei processi tecnologici, ad un altissimo livello. Ma spesso, accanto alla fabbrica in cui l'automazione celebra il suo trionfo, o addirittura dentro di essa, il Medioevo si difende tenacemente in mille forme e tiene validamente il suo posto nelle menti degli uomini.

Questa condizione non è solo nostra. Il Dewey, parlando in generale, ma certo riferendosi anche alla condizione degli Stati Uniti d'America, afferma in una delle sue ultime opere che «nella situazione attuale i metodi scientifici hanno efficacia nel determinare le condizioni economiche concrete nelle quali vive la massa degli uomini. Ma questi non vengono usati per determinare liberamente e sistematicamente i fini morali ed umani». In sostanza, le affermazioni del Dewey tendono a porre in evidenza come il metodo scientifico assuma una sempre maggiore importanza nel processo produttivo e in tutto quel che riguarda il dominio dell'uomo sulla natura e la sua capacità di trasformarla, ma non investa tutti gli aspetti della vita sociale, politica e morale, che sono ancora dominati da abitudini, tradizioni, pregiudizi, insomma da fattori irrazionali.

Ora, se questo è vero in generale, tanto lo è di più per l'Italia, in cui lo stesso sviluppo della tecnica è modesto e parziale. A proposito del ragionamento del Dewey, però, s'impongono alcune precisazioni. Il pensatore americano, analizzando il mancato conseguimento di certi fini ideali cui l'Ottocento guardava con fede ottimistica, quali l'avvento dei lumi, la pace duratura, il trionfo della libertà, dell'uguaglianza e del benessere, ascrive questo fallimento alla mancata estensione del metodo scientifico a tutti gli aspetti della vita sociale e morale. I mali dell'umanità sembrano derivare dal fatto che la scienza è confinata nell'ambito dei *mezzi,* mentre i fini politici, etici e spirituali in genere sono rimasti in balìa della tradizione e dell'irrazionalità. Ora, se è vero, come Dewey stesso a un certo punto afferma, che gl'indirizzi filosofici e culturali non sono altro che «modi di comportamento sociale», se è vero, com'egli afferma in altra pubblicazione, che i contrasti filosofici sono in ultima istanza contrasti sociali, ne sarebbe dovuto conseguire che la mancata applicazione di criteri scientifici e razionali a molteplici aspetti della vita politica e sociale è strettamente legata a fattori pofitici e di classe. Sarebbe di grande interesse vedere, ad esempio, come le scienze siano state poste dalla borghesia rivoluzionaria a fondamento di tutto il progresso umano, e come invece siano state poi relegate, in una fase critica e involutiva, nell'ambito dei mezzi tecnici, lasciando il regno dei valori spirituali in usufrutto alle varie concezioni metafisiche e religiose. Ma non è il tema di questo articolo. Basterà affermare che la formazione di una visione scientifica del mondo non potrà disgiungersi dal progresso più generale di tutti gli aspetti della realtà italiana verso forme più moderne e civili; lo sviluppo scientifico, inteso come abito mentale, condizionerà in generale il progresso politico sociale e ne sarà al tempo stesso condizionato in strettissimo rapporto d'interazione.

Per questo, come dicevo in principio, l'incremento della educazione scientifica rappresenta per la scuola una finalità ideale prima che una questione di procedimento didattico.

Ora dobbiamo chiederci: quale dev'essere il posto dell'apprendimento scientifico nella scuola primaria? Se dovessimo guardare al passato, concluderemmo che il posto assegnato alle scienze è stato trascurabile e molto spesso inesistente. Non possiamo chiamare educazione scientifica l'imparaticcio mnemonico dei libri di testo né, d'altronde, possiamo dar troppo peso a esperienze isolate di maestri volenterosi. Una metodologia e una didattica dell'apprendimento scientifico sono quindi da elaborarsi, e i presupposti di questa elaborazione sono, oltre che di natura sociale, di carattere psicologico.

Una cosa va detta subito, energicamente: l'educazione scientifica non può costituire nell'inculcamento di certe nozioni.

Questa posizione non dev'essere confusa con l'antinozionismo di maniera, ch'è ormai divenuto un luogo comune d'obbligo in qualsiasi temetto di preparazione ai concorsi magistrali. Non si tratta di abolire le nozioni per lasciar posto al vuoto, all'ignoranza, oppure, nel caso migliore, alla sola formazione di attitudini scientifiche. Il nozionismo che dev'essere denunciato ed eliminato come deleterio è quello per cui si guarda alla nozione come *fine*, senza riguardo al modo con cui essa è conseguita. Molte sono le vie per infarcire di notizie la testa dei ragazzi. C'è la via della minaccia, dell'amor proprio, dell'utilitarismo che fa leva sul premio e sul voto. Ci sono cento vie diseducative che conducono alle nozioni. Ora, queste vie, deteriori per la formazione umana del fanciullo, non conseguono in ultimo neanche il proprio fine, poiché le notizie mal conseguite si volatilizzano, come tutti sanno.

Si tratta invece di porre l'accento sul *processo* per cui le nozioni si conquistano, e sugli abiti che ne derivano; questo non significa affatto svalorizzare il sapere, l'esperienza, la notizia. Ogni conquista scientifica, come vedremo, parte da un'esperienza precedente, cioè da una serie di nozioni, e sfocia in un'esperienza più vasta. Una retta educazione scientifica non può non produrre un incremento del sapere molto superiore, anche quantitativamente, a quello derivante dal consueto imbottimento dei crani.

Fugata ogni possibilità di equivoco a questo riguardo, è bene affermare che il concetto stesso di nozione, inteso come notizia isolata appresa perché l'insegnante un giorno così ha deciso, non ha assolutamente nulla a che vedere con l'apprendimento scientifico. Che significato può avere imparare il numero degli abitanti della Svizzera e il nome delle sue città principali? Che importanza può avere l'apprendere che un insetto fa parte dei coleotteri e via dicendo? Quel tale insetto ha tutta una sua vita dinamica e drammatica; dipende da altre piante e insetti e da certi fattori climatici e la sua vita condiziona quella di altri esseri; studiando quest'insetto da un punto di vista veramente scientifico c'imbattiamo in una molteplicità di rapporti d'integrazione che ci danno il vero volto della natura. Il fatto è che la scienza non è classificazione, schema o formalismo, ma visione dinamica e dialettica dei fenomeni; l'apprendimento scientifico ha per oggetto non tanto le cose singole ma le connessioni esistenti fra di esse, non è dispersione o frammentarismo, ma intelligenza dei rapporti organici d'interazione o transazione che esistono fra tutti i fenomeni dell'universo.

A questo punto salterà fuori un'obiezione. Va bene che la scienza è questa; nessuno lo nega. Ma non è la scienza dei ragazzi della scuola primaria. In essa, con particolare riguardo ai primi anni, il sapere ha da essere episodico o rapsodico che dir si voglia. É da evitarsi, anzi, il pericolo di una precoce sistematicità.

Ora, quest'altro luogo comune del sapere episodico mi sembra uno di quelli di cui occorre far giustizia, o, per lo meno, da porre nei suoi giusti termini. Se la polemica contro un precoce indirizzo verso il sapere sistematico ha come bersaglio una sistematicità già elaborata e pronta per essere scodellata, siamo perfettamente d'accordo. Se per conoscenza episodica s'intende invece un'acquisizione casuale e disorganica di nozioni, è bene affermare che questa è un mito, da riporsi accanto a tanti altri. Prendiamo un poco in mano i nuovi programmi per la scuola primaria. Essi parlano di studio episodico dell'ambiente. Cosa mai vorrà dire questo? Andare forse in giro a informarsi di questa o quella pianta, oppure di quell'animale, o di questa o quella fabbrica, in modo superficiale?

Temo che i fautori del «sapere episodico» considerino questa fase come quella in cui si accumulano numerose notizie particolari, le quali, poi verranno sistemate via via che si sviluppano i poteri di organizzazione della mente del ragazzo.

In realtà le cose stanno diversamente. Non vi sono due età distinte, una della sensibilità e una dell'intelletto, una in cui si accumulano materiali sensibili o intuizioni singole e un'altra, successiva, in cui le funzioni intellettuali intervengono per connettere e organizzare i singoli elementi della conoscenza. Questa rigida suddivisione delle fasi dello sviluppo mentale, che ha trovato dal Rousseau in poi diversi assertori (non escluso lo Hessen), travisa a mio parere il vero carattere dello sviluppo stesso.

La conoscenza scientifica (s'intende, al livello scientifico più basso) ha inizio con l'atto stesso della nascita. Che vuol dire conoscere scientificamente il mondo se non prendere atto della esistenza di oggetti e fenomeni distinti da noi, apprendere le qualità di questi oggetti, utilizzarli, trasformarli? Conoscere scientificamente il mondo significa inoltre risalire dagli effetti alle cause, e utilizzare le cause per produrre certi effetti. Ebbene, tutto il processo d'integrazione del bambino con l'ambiente fisico e sociale che lo circonda si compie attraverso questa conoscenza delle cose e dei fatti e dei rapporti di causalità che intercorrono tra i fatti stessi.

È sorprendente come il bambino di sei anni, che fa il suo ingresso nella scuola, sappia orientarsi nel suo mondo e padroneggiarlo. Egli maneggia e utilizza terra, sabbia, creta, pietre, acqua, fuoco, diversi metalli, e mille altri materiali, oltre a centinaia di strumenti; sa cosa può trarre da tutte queste cose, come può combinarle, quali effetti ne sortiscono.

Sa inoltre sfuggire a innumerevoli insidie e rispondere adeguatamente a un'infinità di stimoli che l'ambiente gli porge. È questa la conclusione di un processo di acquisizione intenso, addirittura frenetico, che caratterizza tutta l'età evolutiva. E non è da dirsi che questa massa di cognizioni sia casuale, frammentaria, disorganizzata. Il fanciullo apprende invece, tutto quel ch'è strettamente legato ai suoi *problemi di vita,* ogni esperienza ne rende possibile un'altra più estesa, e questa, a sua volta, costituisce la base per esperienze e conoscenze ancora più complesse. *C'è una continuità nel processo di accrescimento dell'esperienza, e c'è anche una organizzazione che trova il suo centro nei bisogni dinamici del fanciullo.* Tutto viene dal fanciullo valutato, selezionato, messo in relazione con esperienze precedenti, solo in rapporto ai suoi problemi di vita. A questo punto non si sosterrà più che la conoscenza del fanciullo è costituita da una copia ingente di nozioni sconnesse. Si dirà che esiste un nesso di continuità e di organicità nel sapere infantile, ma che questo è appunto caratterizzato dalla soggettività, dal fatto che le cose non sono conosciute *per sé,* nella loro indipendenza dal soggetto, ma apprese solo in relazione ai bisogni soggettivi. A questa obiezione si può rispondere che nessuna scienza, neanche la più astratta, si studia indipendentemente da certi bisogni umani, e che la struttura stessa del sapere scientifico esprime non tanto la *oggettività del mondo,* bensì i rapporti oggettivi che si sono instaurati fra l'uomo e il mondo. La oggettività del sapere scientifico è data dal fatto che questo ci rende padroni delle cose e dei fenomeni e non da un atteggiamento *soggettivo* od *oggettivo*. Quindi, nella misura in cui la conoscenza del bambino risponde al suddetto requisito di oggettività, nella misura in cui aumenta il potere del bimbo di dominare e prevedere gli eventi, essa si può chiamare a buon diritto *conoscenza scientifica*. L'apprendimento scientifico non è qualcosa di speciale, di nuovo, che s'inizia nella scuola; esso corrisponde invece ad una «funzione dell'intelletto», ad una componente della personalità infantile, che si mette in opera fin dalla nascita. Posta questa premessa, una didattica dell'apprendimento scientifico trova una base sicura. Si tratterà di analizzare lo stesso processo di apprendimento quale si manifesta naturalmente, per determinare poi come nella scuola tale processo può essere stimolato, rettamente indirizzato, reso più consapevole.

III
La finalità sociale[3]

Sia gli strumenti scientifici, sia particolari tecniche non avrebbero valore se non fossero inquadrati in una larga visione pedagogica; sappiamo che lo strumento come tale, neutro, può servire tanto a Dio come a Satana. Gli strumenti vanno visti, quindi, insieme alle tecniche della scienza, inquadrati e integrati in una visione pedagogica che sia al tempo stesso una visione largamente umana. Tralascio di sottolineare quanta importanza abbia acquisito la scienza, specialmente negli ultimi decenni, nel campo della civiltà contemporanea, e come lo sviluppo economico e sociale di tutti i popoli sia condizionato dalla sempre maggiore acquisizione di una mentalità scientifica: è cosa ormai scontata. Voglio invece far rilevare come l'acquisizione di un abito scientifico sia essenziale per lo sviluppo dell'abito democratico. Ne ha bisogno l'economia, ne ha bisogno la società in generale, ma, a nostro parere, non può sussistere l'abito democratico moderno senza che in esso sia compreso, come parte essenziale, l'abito scientifico.

Dewey diceva che non vi può essere liberazione di nessun genere se non vi è liberazione dell'intelligenza. Una società democratica che abbia leggi e strutture democratiche, non è tale se i suoi componenti non hanno la capacità di osservare, di valutare, di scegliere, di criticare, capacità che si acquisiscono se si arriva a possedere e a considerare in sé l'abito scientifico, quale significa capacità o attitudine a osservare le cose, ma soprattutto a intenderne i rapporti. Il tipo di liberazione scientifica che noi vogliamo dare non ha nulla del nozionismo. Se noi abbiamo interesse a conoscere il pino dobbiamo mettere in relazione, per esempio, la forma aghiforme delle sue foglie con l'altitudine, col clima, col particolare *humus* su cui il pino si svi-

[3] Da Atti del corso MCE di Frontale in «Cooperazione Educativa», 1963, 8-9.

luppa. Dobbiamo metterlo a confronto con altre piante, ad esempio, le latifoglie, le quali hanno una pagina molto ampia che consente una traspirazione notevole e si adattano ad altri terreni, ecc. Si tratta quindi di vedere il rapporto del pino se mai col proprio *humus,* col proprio terreno, col proprio clima, non di descriverlo e basta. Intanto la capacità di osservare le cose e cogliere i rapporti e i nessi tra le cose e tra i fenomeni è, secondo tutta la scienza contemporanea, conoscenza scientifica.

Qualsiasi ricerca scientifica ha sempre avuto ed ha una finalità sociale. Non si può concepire la ricerca scientifica come qualcosa che riguarda l'individuo o un gruppo ristretto: ogni scoperta, ogni conquista, ogni avanzamento in questo campo si deve comunicare alla umanità tutta perché è nell'interesse dell'umanità. È da Bacone in poi che la scienza moderna ha questa caratteristica, cui è connesso un problema morale: la scienza deve avere sempre questa finalità universale, sociale, umana, non può servire a finalità individuali o di gruppo, altrimenti non è più scienza, ma puro tecnicismo. In questa prassi, che noi abbiamo delineato sommariamente, rientra anche lo strumento didattico, il quale a un certo punto, se si tratta ad esempio dello strumento ottico, ha un'importanza che va al di là di quella che ordinariamente si può credere, perché anche la semplice lente, e molto più un microscopio o un telescopio, non son qualche cosa di staccato da noi, ma entrano a far parte quasi del nostro organismo. Il microscopio scopre al nostro occhio mondi che altrimenti ci sfuggirebbero: è un prolungamento e un potenziamento della capacità dell'occhio e come tale entra a far parte quasi organicamente di noi stessi.

Quindi grande importanza hanno tutti gli strumenti scientifici, dal semplice vivario di vetro dove possiamo mettere un bruco, all'acquario, o allo strumento meteorologico anche semplicissimo come può essere un igrometro a sale o un indicatore di pressione. Infatti l'abito scientifico quale ho cercato di delineare non può essere disgiunto, quando si voglia compiere una esperienza, dalla capacità, che il ragazzo deve conquistarsi via via, di servirsi dei mezzi più semplici che possiamo trovare in casa, dal rigattiere, in farmacia (barattoli da calza, aghi, sale), per costruirsi gli strumenti che servono a promuovere esperienze alla portata di tutti. I grandi scienziati da Galileo a Newton a Einstein, non hanno avuto in genere un laboratorio ricchissimo, strumenti e macchinari perfezionatissimi, ma hanno avuto la capacità di servirsi di cose molto semplici, comuni, familiari, che erano intorno a loro. Perché non dovremmo anche noi sfruttare le cose più semplici, utilizzarle ai nostri fini? Ecco perché in un corso che riguarda la ricerca scientifica e la metodologia assume grande rilievo la possibilità di costruire semplici strumenti e di servirsi di semplici mezzi per provocare e organizzare esperienze.

Il corso viene impostato come se noi fossimo una classe in cui c'è l'educatore, anche se in fondo questa distanza non esiste, e ciascuno di noi si trova a presentare delle esperienze. Dobbiamo stabilire dunque un clima di scambio in cui chi ha esperienze avrà l'opportunità di metterle a disposizione degli altri, un clima di cooperazione, di comunità operante.

Processo di ricerca[4]

Come è già dimostrato, la conoscenza scientifica, cioè la ricerca diretta alla conoscenza oggettiva del mondo, non è un processo di tipo speciale che s'inizi ad una certa età, ad un certo grado di maturazione psichica e in speciali condizioni di rapporti interpersonali, quali ad esempio possono essere offerti dalla comunità scolastica e dalla direzione dell'insegnante. L'indagine, che a buon diritto possiamo definire «scientifica» (sia pure al livello più basso), ha inizio per il fanciullo con l'atto del nascere. Per Dewey[5] vi è addirittura una continuità fra l'azione degli organismi inferiori, volta al soddisfacimento dei bisogni elementari mediante una diretta integrazione col mondo circostante, e la più elevata attività dello scienziato puro. Infatti, nei due tipi di attività identico è il fine; controllare e padroneggiare i materiali e le energie presenti nell'ambiente per la conservazione e l'incremento della vita. Come vedremo in seguito, anche per quanto riguarda il processo di ricerca e di apprendimento possiamo parlare di continuità fra i livelli più bassi (compresi i processi biologici) e quelli della scienza astratta.

Per ora ci preme porre in luce un primo interessante carattere dell'apprendimento scientifico infantile, così come si manifesta nella sua forma «naturale». Dobbiamo dire, tra parentesi, che l'aggettivo «naturale» non vuol riferirsi ad un mitico processo spontaneo, che si svolgerebbe puramente dall'interno, ma vuol solo significare quella forma di apprendimento non intenzionalmente diretta dagli adulti.

Il primo carattere della ricerca infantile è dato dal legame di questa con l'attività motrice. Per il fanciullo non c'è apprendimento che non sia legato all'impegno totale del suo organi-

[4] Da «Riforma della Scuola», 1957,5, pp. 14 ss.
[5] Cfr. J. Dewey, *Logica, teoria dell'indagine,* Einaudi, Torino 1965 cap.II.

smo; egli conosce mettendo in moto mani e piedi tutti i suoi muscoli, afferrando e scagliando, manipolando e rompendo. Riuscire a brandire un oggetto è già una grande conquista intellettuale, che egli vuol consolidare con la ripetizione finché non ha la sensazione di una capacità definitivamente conseguita; riuscire poi a produrre certi effetti con questo oggetto corrisponde ad un grado superiore di maturazione intellettuale. In verità l'apprendimento scientifico è strettamente legato all'attività sensorio-motrice durante tutto il periodo dell'età evolutiva, sebbene l'importanza di questo legame diminuisca, come vedremo, col progredire degli anni. Questo nesso tra conoscenza e motricità, tra apprendimento e lavoro, ha una grande importanza didattica, come bene è stato messo in luce dal Dewey e da altri pedagogisti contemporanei. Del resto ciò ch'è vero per lo sviluppo intellettuale del bambino è stato vero per la storia dell'umanità. La conoscenza, la cultura sono sorte dall'azione che l'uomo ha svolto, nel corso della sua faticosa e drammatica storia, per orientarsi nel mondo e modificarlo; è dal lavoro che l'uomo ha esplicato sui materiali ch'egli ha conosciuto le proprietà di questi; la geometria è sorta dalla necessità di misurare la terra, l'aritmetica dalle necessità connesse con lo sviluppo della produzione e dello scambio, lo studio degli astri dal rapporto di questi con il ciclo dei lavori agricoli. E lo sviluppo delle capacità di esprimersi mediante i simboli linguistici è legata anch'essa dialetticamente alle concrete condizioni di vita degli uomini, da cui sorgeva la necessità di comunicare agli altri le esperienze e di trasmetterle ai posteri come un prezioso inestimabile capitale.

La scienza è nata dunque dal lavoro svolto in rapporti di socialità. Questo nesso, che può sfuggire a qualcuno nelle presenti condizioni della civiltà, è più evidente nella vita del primitivo, per cui, più che per noi, la sapienza si trasformava immediatamente in potenza nel senso baconiano della parola. Oggi possono darsi delle scienze apparentemente «pure», come l'alta matematica e la logica formale; ma esse, in ultima analisi, non possono non riferirsi agli oggetti, ai fatti e al dominio che l'uomo ha stabilito e intende stabilire su questi. Anche il più alto grado del sapere, quello filosofico, emerge dalla operosa storia dell'uomo; come sinteticamente ha affermato Dewey[6], «mediante ciò che facciamo nel mondo e col mondo abbiamo imparato a renderci conto del suo significato». Ora, se l'uomo è divenuto gigante, signore degli eventi, in una multimillenaria attività sociale di lavoro, ciò non poteva non lasciar traccia nella stessa struttura psichica che egli eredita nascendo. Si è detto che il fanciullo, nel suo sviluppo, ricapitola le esperienze vitali della specie; ecco perché la sua intelligenza, come quella del primitivo, è impegnata senza un attimo di sosta, nel padroneggiamento e nella trasformazione dell'ambiente mediante l'attività motrice. Di questo, una didattica dell'apprendimento scientifico che sia essa stessa scientificamente fondata, non può non prendere atto. Più tardi torneremo sull'argomento in maniera spicciola. Fin d'ora, però, possiamo stabilire un principio di grande importanza: «In una scuola veramente moderna, la conoscenza scientifica non può non prendere le mosse dal processo di vita reale della comunità scolastica: dal lavoro, dai progetti, dalle lotte, dai problemi che la comunità stessa è indotta socialmente ad affrontare, o dagli interessi che sorgono nei singoli membri della scuola in rapporto al clima sociale in cui si vengono formando. Nessun posto rimane per il sapere prefabbricato, per l'inculcamento, per una scienza che si porga senza alcuna relazione con un problema scientifico realmente sentito».

Finora abbiamo parlato delle motivazioni, dei fattori da cui il sapere scaturiste. Ora è necessario esaminare brevemente la forma tipica dell'apprendimento, o meglio, della ricerca. Quest'ultimo termine (sia detto tra parentesi) ci sembra da preferire, in quanto il termine «apprendimento» significa più propriamente l'atto conclusivo dell'indagine che non il processo di questa. Il Wallon mette egregiamente in luce[7] come la fonte di apprendimento per l'infante sia la coscienza del rapporto fra i suoi atti e gli effetti che ne conseguono.

È la coscienza di questa connessione che determina i primi abiti e orienta la condotta del bimbo. Di fronte ad una certa situazione (ad esempio la presenza di un tegame e di un mestolo da cucina) egli è stimolato ad afferrare e maneggiare i

---

[6] Cfr. Dewey, *Scuola e società,* La Nuova Italia, Firenze 1949, p. 13.

[7] Cfr. H. Wallon, *L'evoluzione psicologica del bambino*, Einaudi, Torino 1952, parte II, cap. L.

due oggetti; dal loro urto infantile intuisce la possibilità di produrre dei suoni. Questa intuizione potrebbe esser considerata, come vuole Dewey, come una vera e propria ipotesi. Comunque, il fanciullo compie dei tentativi incerti, e da questi elimina quei gesti che non conducono a risultati positivi. Selezionati ed esclusi i movimenti non adeguati alla situazione, ecco che il successo è raggiunto: il mestolo opportunamente impugnato batte sul tegame e ne trae un suono entusiasmante. L'ipotesi, la semplicissima intuizione, ha conseguito la sua verifica sperimentale. E il gesto vien ripetuto, ripetuto, come si è detto innanzi, fino al consolidamento della conquista.

Nel fatto citato che, sia detto per inciso, corrisponde al più remoto ricordo della mia infanzia, esiste *in nuce* lo schema tipico della ricerca, che Dewey svolge ampiamente in una delle sue opere maggiori. Intanto vi è l'esperienza della connessione fra causa ed effetto che caratterizza tutta la conoscenza scientifica. Il bimbo sa che conoscere e dirigere la causa significa poter produrre effetti. Questa coscienza è legata da principio alla sua attività sensorio-motrice, ma egli estende in seguito il suo interesse alle cause che operano nell'ambiente, e che toccano i suoi problemi di vita. E di una cosa più importante egli è oscuramente consapevole: ch'egli conosce la causa, è padrone di essa, solo quando da essa può far scaturire un certo effetto. Egli cioè, sa che il mestolo battuto su un recipiente ne trae un suono solo dopo che questo effetto è stato conseguito. E gli esempi potrebbero essere mille. Resta dunque consolidata l'affermazione da noi fatta che l'apprendimento scientifico del fanciullo, a qualunque livello, non può consistere nell'appropriazione di nozioni singole (questa è una foglia lanceolata, il bove è mammifero quadrupede e ruminante, ecc.), ma nella conoscenza delle molteplici connessioni esistenti fra le cose e i fatti dell'ambiente connessioni esistenti fra le cose e i fatti dell'ambiente fisico e sociale, nei suoi aspetti storici, geografici o specificamente scientifici secondo il significato più corrente della parola.

L'esempio citato ci illumina ulteriormente sulla forma della ricerca. In primo luogo, come Dewey afferma, essa nasce da una situazione problematica legata ad un'esigenza da soddisfare. Mettiamo il caso di un ragazzo che ha visto nella credenza un cartoccio, in cui suppone si trovino delle caramelle. Il problema è complesso: ci saranno davvero delle caramelle? E come arrivare a raggiungere il cartoccio ch'è in alto?

Il ragazzo fa appello alla sua esperienza precedente; egli si ricorda che, per salire più in alto, deve montar sopra a certi oggetti. Nella sua mente vien formulandosi ora una specie d'ipotesi, che uno scienziato formulerebbe in questi termini: «Se io posso trovare un mezzo che possa permettermi di salire all'altezza del cartoccio, potrò verificare se effettivamente questo contiene caramelle».

Questa ipotesi viene integrata da un'osservazione, da una ricerca dei mezzi. Forse quello sgabello servirà all'uopo. No, non serve, è ancora troppo basso. Il ragazzo sceglie la sedia e finalmente raggiunge il sospirato cartoccio; sì, le caramelle ci sono; l'ipotesi è verificata positivamente.

Come tutti potranno osservare, nel comportamento infantile non è possibile separare e individuare con chiarezza momenti della ricerca, né questa, d'altronde, si effettua sempre secondo lo schema tipico, dato che il fanciullo non ha studiato la «logica dell'indagine». Solamente è da dirsi che, quando il fanciullo consegue una reale conquista conoscitiva, egli ha obbedito sia pure inconsciamente ai canoni una retta ricerca, come chi pensa logicamente obbedisce ai canoni di un retto ragionamento anche se non ha studiato logica formale. In sostanza (per semplificare) occorre fissare chiaramente i seguenti punti: «Ogni ricerca, e quindi ogni apprendimento, prende le mosse da un problema, da una situazione di dubbio, di bisogno, o, come vedremo in seguito, da interessi conoscitivi non direttamente dipendenti da bisogni immediati».

Il problema deve contenere, implicitamente, anche una possibilità di soluzione, cioè deve dar luogo ad un'ipotesi per la quale, mettendo in opera certi mezzi (o cause) dovranno sortirne certi effetti.

L'ipotesi darà luogo ad una osservazione, ad una ricerca dei mezzi da porre in opera, ad un appello alle esperienze precedenti. Tutto questo porterà ad una rielaborazione e precisazione della ipotesi. Infine questa verrà verificata nella pratica, e i risultati potranno attestare o meno la sua fondatezza.

Questo, più o meno (con opportune semplificazioni), è lo schema tipico dell'indagine che Dewey delinea in *Logica, teoria dell'indagine.* Lo schema, a mio parere, è da ritenersi valido per quanto riguarda la vera e propria indagine scientifica, che anche nella scuola elementare può aver luogo, come vedremo. Diciamo subito che la ricerca effettuata secondo lo schema su esposto è quella che contribuisce in misura maggiore alla formazione di un vero e proprio abito scientifico; non tutta la educazione scientifica, però, può esaurirsi nel tipo d'indagine che abbiamo delineato.

Un'altra considerazione importante è da farsi a proposito dell'indagine: essa come abbiamo visto, parte sempre da una esperienza precedente, e dà luogo a conoscenze nuove, le quali, a loro volta, renderanno possibili ulteriori esperienze più ricche e complesse. Il fanciullo protagonista della caccia alle caramelle partiva da un sapere preesistente; il risultato della ricerca è che egli, d'ora innanzi, sa con certezza che con la sedia potrà raggiungere un certo livello della credenza, o qualunque altro oggetto posto ad una certa altezza. Domani potrà magari metter la sedia su un tavolo, e andare più in alto. Il fatto è che ogni conquista ne rende possibile un'altra, e così via. C'è un filo inscindibile nella crescita dell'esperienza, la qualcosa smentisce la teoria della pretesa episodicità dell'apprendimento. L'atto conoscitivo, se è reale, si collega al passato e all'avvenire; è qualcosa di organico: ed è proprio a questo sapere che dobbiamo mirare.

V
Motivazione e metodologia[8]

Dicemmo ieri che sarebbe assurdo che l'insegnante arrivasse a scuola e dicesse: ragazzi, andiamo a osservare, ricerchiamo. La ricerca, qualunque essa sia, deve essere motivata, occorre cioè una molla che spinga i ragazzi a ricercare, a scoprire. La motivazione, sottolineo subito, deve essere, prima di tutto, dei ragazzi. Non si può astrattamente prendere una classe e preparare un piano annuale che comporti una serie di ricerche e di esplorazioni prescindendo dagli interessi, dalle motivazioni che nei ragazzi si manifesteranno. Quindi, prima di tutto bisogna partire da ciò che «bolle in pentola» nell'animo dei ragazzi medesimi. O si parte da un testo libero che suscita un generale interesse (su un animale, un fiume, un torrente), o si parte da una corrispondenza (per esempio nella mia classe abbiamo fatto la ricerca sul Boccaccio dietro lo stimolo dei corrispondenti romani che ci hanno posto delle precise domande; su queste domande si è acceso un interesse reale e quindi la ricerca si è avviata), o da un avvenimento (ad esempio, primo lancio spaziale fu la scossa che accese nei ragazzi l'interesse per il volo e quindi per gli aerei, il modellismo, i razzi, ecc.).

Qualunque sia lo stimolo al punto di partenza, è chiaro che si deve sviluppare un interesse reale nei ragazzi: una motivazione che sia prima di tutto la *loro* motivazione. Su questo non possiamo transigere, perché solamente quando il ragazzo vuole ricercare, quando ne sente il desiderio, ne formula il proposito, s'impegna a fare la ricerca, e questa potrà essere fruttuosa; in caso contrario non significherebbe nulla tutto quello che si può fare nel campo delle scienze, della storia e via dicendo. La motivazione è il fondamento solido su cui si può co-

---

[8] Relazioni tenute al corso di Frontale dell'MCE in «Cooperazione Educativa», 1963, 8-9.

struire l'edificio della ricerca. Senza quella, tutto è fragile, presto si dissolve e si riduce ad una perdita di tempo.

A questo punto si potrà dire: ma che cos'è un interesse reale? Come si può distinguerlo da una curiosità momentanea? Nel processo di vita di una classe emergono tante domande e curiosità: guai se noi le prendessimo tutte in considerazione, se ci facessimo trascinare dai ragazzi su qualsiasi terreno in qualsiasi direzione: sbaglieremmo, perché verremmo meno al nostro compito di educatori. Dice De Bartolomeis[9] che la curiosità può essere il sintomo di un interesse, ma anche di qualche cosa di estremamente labile e passeggero. Ancora De Bartolomeis afferma che un interesse si può consolidare e sviluppare e può sostenere anche una ricerca prolungata quando soddisfa determinati bisogni del fanciullo. Perché prima ancora degli interessi ci sono i bisogni.

Sempre parlando della conquista spaziale che noi dovevamo affrontare quest'anno come storia del volo, che parte dall'aereo di carta (attività costruttiva) per arrivare alla mongolfiera e all'aereo a elica, a motore e al razzo (poi rimandata alla quinta per mancanza di tempo), perché ho accettato e incoraggiato questo interesse? Perché esso corrisponde a una serie di bisogni. Prima di tutto c'è un condizionamento sociale che non si può ignorare, sostenuto da una serie di stimoli continui (i lanci spaziali e le conquiste) che tengono vivo l'interesse; si tratta di un fattore oggettivo importante, perché non bisogna ignorare l'importanza degli stimoli che ci vengono dal di fuori. In secondo luogo, a questa età esiste un bisogno costruttivo nel ragazzo. Siamo in un mondo fatto di tecnica, di strumenti, di macchine; anche dal punto di vista psicologico, esiste un bisogno costruttivo innegabile che verrà soddisfatto da tutta una serie di attività pratiche: dalla costruzione dell'aquilone all'aereo di carta, al veleggiatore, i ragazzi si entusiasmeranno perché potranno lavorare, manipolare, costruire. C'è il bisogno di conquista, tipico dei ragazzi, soddisfatto quando lanciano un aereo con successo. E soddisfatto è anche il bisogno di rapporti sociali, in quanto tutte queste attività danno luogo a lavori di gruppo, ad attività comu-

---

[9] F. De Bartolomeis, *Introduzione alla didattica della scuola attiva.* La Nuova Italia, Firenze 1958^2, cap, V e passim.

ni. Bisogno sociale, bisogno motorio, costruttivo e di conquista vengono soddisfatti: sappiamo quindi in partenza che l'interesse è valido perché fondato su una serie di bisogni reali.

Però ciò non sarebbe sufficiente, se questo interesse, come qualunque altro, non avesse dei contenuti culturali e non aprisse la strada a problemi nuovi, a nuove conquiste. Questo è il concetto deweyano della continuità. Mi spiego meglio: quando i ragazzi manifestarono il desiderio di fare il vino, io potevo anche lasciar cadere questo desiderio; invece presi in considerazione la richiesta perché sapevo che i bisogni prima descritti sarebbero stati soddisfatti e sapevo anche che, seguendo il processo di trasformazione dal mosto al vino, noi ci saremmo incontrati coi microorganismi, cioè con un mondo per noi ancora sconosciuto. Dai saccaromiceti si sarebbe passati a tutti i microbi, come infatti è avvenuto.

Ci siamo imbattuti in un processo chimico molto semplice, cioè la trasformazione dello zucchero in alcool etilico e in anidride carbonica; quindi un problema di carattere chimico e un problema di carattere biologico, intimamente legati, erano impliciti in questo interesse. I ragazzi non sapevano che sarebbero venuti fuori i saccaromiceti, lo zucchero, l'alcool, ecc.; l'insegnante lo sapeva e perciò ha incoraggiato l'interesse in quanto portava in una certa direzione, apriva delle prospettive, ci poneva dei problemi che ci avrebbero portati ancora avanti. È sulla base di queste considerazioni che l'insegnante deve valutare se sia opportuno o meno incoraggiare, buttar legna sul fuoco per far divampare l'interesse piuttosto che lasciarlo spengere. La selezione degli interessi è un'opera sacrosanta, altrimenti non saremmo degli educatori. Anche nella storia del nostro Paese io sapevo che ci saremo incontrati col Medioevo, con la nascita del Comune, con certi aspetti che a me interessavano: esisteva quindi la motivazione del ragazzo, ma anche quella dell'insegnante; c'era, come dice Tamagnini, la «doppia motivazione», senza la quale l'interesse non è valido pedagogicamente. Noi non vogliamo fare delle ricerche episodiche, scollegate le une dalle altre, e respingiamo il sapere frammentario ammassato alla rinfusa. Se partiamo invece da un anello qualunque della catena, essendo i fenomeni intimamente legati gli uni agli altri, possiamo conquistarceli tutti via via. Questo modo di procedere ci garantisce l'organicità del sapere, che per noi è appunto organismo; non è un ammasso di mattoni, travi, cemento, legna, materiali, massa informe e disordinata, ma *struttura* in cui il materiale è ordinato secondo certi criteri, partendo da un fenomeno sul quale abbiamo costruito un edificio sempre più complesso. Chi prende la prima classe, se parte bene, se incomincia a individuare alcuni semplici interessi proseguirà senza dover ricorrere a troppi interventi per suscitare gli interessi dei bambini: dai primi interessi che si pongono, via via ne nascono altri, come è avvenuto per la casa di Frontale: al primo nucleo, per gemmazione direi, piano piano si è aggiunta una stanza, poi un'altra stanzina, poi un altro pezzo; così, l'organismo della cultura infantile cresce su se stesso. Quindi è necessario che il maestro abbia il senso della prospettiva.

Qualcuno potrebbe chiedere: in base a che cosa si seleziona? Per quanto riguarda la storia, se nascesse un interesse riguardante gli anelli o la scopa nel XVIII secolo, io penso che esso non sarebbe accettabile, perché è necessario avere il concetto di ciò che è essenziale e tipico nella storia; specie nella scuola primaria, dobbiamo attenerci a certe conquiste fondamentali della storia umana senza le quali la civiltà in cui viviamo non sarebbe tale. Per esempio, possiamo eludere la scoperta del fuoco? No di certo, perché senza di essa la civiltà umana così com'è non esisterebbe. Accettato questo criterio, la scopa la prenderemo per far piazza pulita dell'insegnamento della storia così come è fatto in certe scuole, che è una bestemmia, un peccato pedagogico. Ricordiamo anche che certi aspetti complessi della storia dai ragazzi di 10-11 anni non possono essere dominati; ad esempio il Risorgimento, che è un fatto che implica aspetti economici, sviluppo della borghesia italiana, lotte di classe, elementi politici, culturali, religiosi, ideologici, non è possibile che sia capito. Di conseguenza io penso che bisogna assolutamente riformare l'insegnamento della storia e rimandare questo studio almeno al terzo anno della scuola media unificata. E non son sicuro che anche allora le facoltà intellettuali dei ragazzi siano tali dà poter padroneggiare bene il fenomeno. In quinta è assolutamente impossibile.

Tornando alla precettiva del maestro che conosce ciò che è essenziale e tipico, e sa, perché è maturo, se la motivazione è valida o nò, se soddisfa i bisogni dei ragazzi, se la ricerca è al livello delle capacità attualmente maturate, non è possibile scendere su un terreno analitico, per dire a quale età il ragazzo può o meno fare certe cose. Indicheremo nella bibliografia quali studiosi hanno trattato il problema. Io né citerò due: Arnold Gesell e Jean Piaget. Gesell afferma che bisogna tener conto delle fasi di sviluppo o gradienti (formulati da lui e dai collaboratori in lunghi anni di studio), per cui, se vogliamo andare oltre e forziamo, possiamo soltanto raggiungere un effetto esteriore temporaneo. Ad un certo punto possiamo addestrare anche gli animali, ma l'addestramento non è educazione. Indottrinare secondo la vecchia prassi «lezione-ripetizione» è una cosa facilissima: il maestro spiega, il ragazzo impara e dietro lo stimolo della domanda viene la risposta, che è un riflesso condizionato il quale sta in piedi finché sussistono certe cose: il voto, l'approvazione, l'esame. Però, mancando questi stimoli non educativi, a un certo punto lo stimolo induttore non funziona più: passato l'esame, tutto crolla e si disperde. Quindi la prassi per cui l'insegnante cerca di stimolare il ragazzo a costruirsi un proprio sapere organico, vero, che faccia parte della personalità del ragazzo, è una cosa difficile. Non si dica però che ci si debba abbandonare alla spontaneità, come dicono coloro che non conoscono la pedagogia moderna e democratica e sostengono che noi rinunciamo a trasmettere i contenuti, i valori.

Anche Piaget ha condotto studi importanti sulle fasi di sviluppo della intelligenza nell'età evolutiva, e indicheremo alla fine, le sue opere più importanti, cui il maestro volenteroso può ricorrere.

Dopo aver visto qual è l'importanza della formazione scientifica, sia per il posto sempre maggiore che la scienza occupa nell'economia, nella tecnica, nello sviluppo della società moderna del nostro pianeta; dopo aver visto quali sono le premesse psicologiche indispensabili da cui qualsiasi ricerca deve partire per essere valida, oggi vedremo come ci dobbiamo muovere, ammesso che esista un interesse reale valido psicologicamente per il ragazzo e pedagogicamente per il maestro.

Questa nostra metodologia, e vorrei sottolineare la parola «nostra» perché è bene dare a Cesare quel che è di Cesare e al Movimento di Cooperazione Educativa quel che gli appartiene, si è sviluppata col Movimento stesso.

Dunque, c'è l'interesse, e dobbiamo fare la ricerca. Ci muoviamo subito? No. Immediatamente si muove un animale dietro uno stimolo che lo colpisce, di qualsiasi genere; per esempio, alla presenza di un chicco di granoturco l'animale passa, lo vede e reagisce immediatamente, va a beccarselo e magari rimane nella tagliola. Noi ci distinguiamo dall'animale anche per questo: perché la nostra risposta è mediata da un ragionamento, da un *progetto.* Se io devo scavalcare un fosso per recarmi in una certa località, e mi accorgo, da quel che posso sapere, che la tavola è fradicia e che probabilmente si romperà, allora, senza mettere il piede sulla tavola, compio un ragionamento, magari formulo tre ipotesi: 1) passare sulla tavola; 2) tentare di saltare, il fosso; 3) andare a cercare un'altra tavola. Mi vedo immaginativamente salire sulla tavola, cascare giù, mi vedo la testa rotta. Da una parte valuto, in base alla mia esperienza precedente, che molto probabilmente, anzi con certezza, non potrà saltare il fosso perché molto largo. Allora scarto la prima e la seconda ipotesi, vado al casolare, prendo un mezzo adeguato e scavalco il fosso. Cioè un problema (scavalcare il fosso) dà luogo a un processo intellettuale in cui ho preso in considerazione certe *ipotesi,* le ho scartate perché ho vissuto interiormente certe immagini e forse simboli linguistici, certe azioni; ho ragionato, poi ho formulato un progetto (andare alla casa, dire al contadino di procurarmi una scala o una tavola, è un semplicissimo progetto). Noi progettiamo sempre; il progetto non è un qualcosa che ha diritto di cittadinanza soltanto nel campo della metodologia; l'essere umano progetta e programma le azioni che deve compiere e cerca di scegliere i mezzi adeguati. Questo dimostra come un problema, uno stimolo, dia origine ad un processo interiore.

La risposta, dunque, non è immediata ma ritardata, mediata dal ragionamento. Può succedere che un problema pratico ben più importante e complesso di quello del fosso mi dia da pensare anche per un anno prima che io agisca, o anche per più anni. A volte - è questo il caso limite - l'opera di un grande filosofo, che magari spende decenni per creare certe opere, in fondo non è che il tentativo di rispondere a dei problemi pratici che danno luogo a una attività intellettuale che si protrae anche per una vita intera. Questo avviene anche nella nostra scuola, quando un'esigenza è nata. Facciamo un esempio: a un certo punto ci chiediamo come osservare gli alimenti e quindi facciamo una serie di ipotesi. Noi partiamo sempre da un problema, per trovar qualcosa che non sappiamo. Il primo punto della stesura di un progetto è: «Che cosa vogliamo sapere?». E badiamo bene: il problema deve essere dei ragazzi, loro stessi lo devono formulare, con le loro parole. Enunciato il problema ci chiediamo: «Che cosa sappiamo già su questo argomento?». Per esempio: sappiamo già che sono i microorganismi che fanno andare a male i cibi e sappiamo, perché lo abbiamo visto al microscopio, che i microorganismi, quando la goccia è evaporata, cessano di vivere. Qualcuno dice: «Se si seccasse la carne?». «Infatti il baccalà secco — dice un altro - va a male.» Vengono fuori tutte le cose seccate: i fichi, lo stoccafisso, ecc. Ecco l'ipotesi: «Può darsi che, facendo evaporare tutta l'acqua dalla braciolina, questa si conservi». Questo modo di procedere è il più valido: formulazione dell'ipotesi e scelta dei mezzi per verificarla: la briciolina, il termosifone, ecc. Questi sono mezzi molto semplici, in altri casi abbiamo invece bisogno di mezzi più complessi.

Dopo l'ipotesi, la *verifica,* qualcuno è incaricato di seguire l'andamento dell'esperienza, di riferire e annotare. Nel caso in questione nacque poi un problema nuovo: «Come è leggera la braciolina, sembra legno!», diceva qualcuno. Ne pesammo una di un etto preciso, quando la ripesammo constatammo che aveva perduto molto peso e sorse il problema della quantità d'acqua che è nei corpi. Allora seccammo la mela, l'insalata, ecc. Questo è un tipo speciale di procedimento a carattere spiccatamente scientifico in cui c'è formulazione d'ipotesi e verifica di essa partendo da un problema e da ciò che ne sappiamo. Nel caso nostro la verifica fu pósitiva, perché la braciolina rimase perfettamente conservata.

Molto spesso la ricerca ha un ambito molto più ampio: può essere una ricerca sul fiume, sul vino, sul ciclo del grano o sulla vita di qualche animale, dei pesci, ecc.; comunque i *momen-*

ti metodologici restano sempre questi: che cosa vogliamo sapere, scelta dei mezzi, esplorazioni, misurazioni, interviste, corrispondenze, ricerca di qualche documento o cartina, quaderno, taccuino, lapis. E poi il calendario della ricerca: ci diamo delle scadenze perché è bene essere precisi. Naturalmente poi, dopo aver pensato e progettato, ci mettiamo in moto. Questa fase di progettazione è importantissima perché si tratta di una forma di educazione intellettuale che abitua a non essere impulsivi, sconsiderati e immediati, ma a ragionare e a scegliere bene; è educazione al ragionamento, all'autocontrollo e alla programmazione della propria attività dominandola intellettualmente, che dev'essere la caratteristica dell'uomo. In questo ricercare nascono sempre problemi nuovi, che non prevedevamo. Quasi sempre la ricerca si amplia, si rielabora, come a me è successo sempre: si parte con degli obiettivi e gli obiettivi si arricchiscono.

Intanto si raccolgono i documenti, le relazioni, si compiono le annotazioni giornaliere, le misurazioni, e si affrontano i problemi che nascono. Naturalmente si dividono i compiti: chi fa una relazione, chi il disegno, il grafico, le fotografie, le riprese cinematografiche, il prelevamento di campioni. Importante è che questi documenti e campioni siano ordinati rigorosamente. Il nostro materiale cresce via via che la ricerca procede. A un certo punto arriviamo al termine, che non è però la chiusura del problema. Allora ci prepariamo ad elaborare il materiale e a sistemarlo in maniere diverse, ad esempio in albi, oppure a derivarne una monografia stampata al limografo. È il momento conclusivo, quello della comunicazione. Si fa la relazione orale per gli amici della classe (che si sono divisi in gruppi, ciascuno dei quali può aver approfondito meglio un aspetto piuttosto che un altro), per noi e per le classi vicine. È nostro costume relazionare anche nelle altre classi: la relazione orale è di grande interesse (i ragazzi addirittura fanno la prova) e può essere accompagnata da una proiezione.

A questo punto è bene mettere in rilievo la grande importanza dell'episcopio: per chi può procurarselo, esso è lo strumento didattico più efficiente. Più del proiettore per filmine (a meno che le filmine non le facciamo noi), l'episcopio dà la possibilità di proiettare una serie di foto, di illustrazioni, e permette quindi di appoggiare la relazione orale a una sequenza di immagini che possono essere fissate su un nastro di carta che scorre. Ci possiamo metter dentro anche un pesce, se vogliamo, o un insetto. Purtroppo però è uno strumento molto costoso.

Poiché noi ci sentiamo una grande cooperativa che va dalle Alpi alla Sicilia e anche oltre (perché non è raro il caso che noi facciamo corrispondenze nazionali), pensiamo che bisogna tirar fuori dalla ricerca una monografia stampata col limografo, la quale possa circolare senza limiti. La produzione scientifica come tutto il pensiero, mira a una circolazione illimitata: che scrive, sia l'artista che lo scienziato o chiunque sia, desidera che il suo pensiero si diffonda dappertutto, non per un'ambizione personale, ma perché è nella natura del pensiero di circolare universalmente. Non sto a diffondermi su quanto sia importante questo aspetto etico, morale dello scambio delle esperienze, che è connesso alla ricerca medesima. La ricerca entusiasma, perciò possiamo dire che vi sono in essa aspetti emotivi: aver successo è motivo di soddisfazione, di gioia. Ci sono poi motivi morali: la cooperazione, l'aiuto reciproco, l'adattamento all'attività di gruppo. E non dimentichiamo che le relazioni sono in lingua italiana, e che i calcoli relativi alla ricerca sono calcoli matematici.

VI
Valorizzare le scoperte dei fanciulli[10]

A sei anni il fanciullo, generalmente, varca la soglia della scuola. Egli, a questa età, ha già conseguito un sorprendente adattamento nei riguardi dell'ambiente naturale e sociale con cui interagisce. Il problema del padroneggiamento dei materiali e delle energie presenti nell'ambiente è sufficientemente risolto; il ragazzo si muove con disinvoltura tra gl'interruttori della luce elettrica, e manopole della radio e via dicendo. Si dà pure qualche caso in cui il fanciullo si destreggia non solo in bicicletta ma anche sul micromotore. I rapporti sociali con i coetanei si fanno più intensi e ricchi, mentre più complicati sono quelli con gli adulti. Generalmente, a questo punto, lo slancio del fanciullo verso la conquista del mondo esterno si è attenuata in ragione dell'adattamento conseguito; d'altra parte, l'atteggiamento per lo più sbagliato dei genitori non contribuisce a mantenere vivo il desiderio di conoscenza, che si manifesta tipicamente con la ricerca del «perché», con le domande insistenti che i fanciulli fanno intorno ad ogni oggetto che colpisce la loro immaginazione. Ai «perché» dei fanciulli si risponde evasivamente, si cerca di sbrigarsela con una spiegazione sommaria e talvolta inconsistente, o spesso non si risponde neanche. Tutto questo, evidentemente, non può non contribuire a bloccare lo slancio verso la conquista conoscitiva del mondo.

Nella scuola il fanciullo deve trovare tutt'altro clima. Non solo ogni sua domanda deve subito trovare una risposta, e non solo verbalistica. Il problema non è questo. Si tratta di metterlo in condizioni di far domande, e non per semplice vezzo o gioco, ma per un problema ch'è sorto in lui. Come realizzare questo?

Intanto, fin dal principio, occorrerà valorizzare al mas-

[10] Da «Riforma della Scuola», 1957, 8-9.

simo ogni più piccola scoperta dei fanciulli. Qualunque cosa il ragazzo ci racconti, sia che tratti della mungitura delle sue vacche oppure delle rondini che hanno fatto il nido sotto la sua gronda, dobbiamo fare in modo che il racconto polarizzi l'attenzione generale e diventi un centro di conversazione. Non dobbiamo poi lesinare il nostro ringraziamento e la nostra lode a chi ha esposto la sua esperienza. In tal modo, l'osservare e l'esporre certi fatti, il fare determinate scoperte diventano per il fanciullo un «valore», una fonte di considerazione e di valorizzazione sociale, che fornisce per questo un potente stimolo. Tutti i ragazzi ben presto vorranno esporre le loro esperienze e compiere, per questo le loro osservazioni. Si tratta, per il maestro, di indirizzare fin da principio i fanciulli ad un maggiore approfondimento della realtà che li circonda.

Si parla ad esempio delle rondini? E perché sono tornate proprio ora? E dov'erano andate? Nella conversazione le domande scaturiscono a iosa, chiamando in luce via via altri nessi, altre connessioni scientifiche, storiche, geografiche. In tutto ciò, naturalmente, occorre al maestro una preziosa bussola, che si chiama «senso della misura». Ché, se è vero che la conoscenza scientifica è essenzialmente consapevolezza di rapporti, non bisogna andare oltre le capacità intellettuali del fanciullo; una ricerca sulla rondine in prima classe sarà molto più semplice della ricerca effettuata in quarta.

Ma la conversazione, che ha luogo in classe fin dai primi giorni, non è che un punto d'avvio della ricerca. L'interesse scaturito ci porta naturalmente fuori, a sfogliare le pagine del libro meraviglioso ch'è grande quanto il mondo. Eccoci ad osservare il lavoro delle rondini; ed ecco una nidiata di rondinotti che pigolano, finché arriva la mamma con un insetto in bocca. Già, più che altro la mamma reca ai rondinini dei piccoli insetti. Ma c'erano questi d'inverno? No, non c'erano. Allora le rondini non avrebbero potuto nutrire i loro figli. O forse che avrebbero potuto nutrirsi da sé? E perché d'inverno non ci sono insetti?

Il problema scientifico si allarga, si allarga anche troppo, ed è compito del maestro non farlo eccedere da certi limiti. Comunque, la via è questa: vivere a contatto con la natura e con tutti gli esseri; i problemi non mancheranno, non si faranno pregare per manifestarsi. Quanti ne nascono, anche per i bimbi di prima classe, dalla vita degli uccellini e da quella degli insetti. Se dalla rondine andiamo alla coccinella, la coccinella ci porta al fiore, ai prati dipinti di cento colori e alla danza delicata delle farfalle. Ecco le api di corolla in corolla; che cercano, che vogliono? Il problema è grande, e si apre un immenso orizzonte di ricerca. Così accade, poi, se andiamo sul fiume, di cui s'è parlato a scuola. Il fiume è una realtà naturale e sociale ricchissima, complessa; troviamo i pescatori, coloro che scavan la sabbia (e che se ne fanno?), quelli che caricano le pietre del greto. Di queste pietre, alcune delle quali sono aguzze, c'è tanto da dire; esse ci riportano a un'età lontana, che può rivivere se i ragazzi impugnano queste pietre, se s'impegnano a scheggiarle, a lisciarle, se le fanno cozzare cavandone scintille.

Ma cos'è, ora, quel foro da cui viene nel fiume un'acqua sporca e un po' maleodorante? Da dove viene quell'acquaccia? Troviamo poi l'acquedotto, con tutta la sua estesa e complessa realtà; troviamo la gora, le turbine, il vecchio mulino ad acqua; troviamo che dal moto dell'acqua scaturisce l'energia elettrica, la luce.

Conquistato un orizzonte, un altro se ne schiude. Si potrà dire a questo punto che anche l'esplorazione dell'ambiente può dar luogo ad una conoscenza artificiosa, imposta, il che potrebbe esser vero se l'insegnante si proponesse di far cogliere al fanciulli aspetti della realtà troppo complicati e profondi, o comunque inadeguati alle sue reali possibilità.

Il pericolo dell'arbitrio, della forzatura, è d'altronde presente in qualunque attività scolastica. Parlando della conoscenza scientifica dell'ambiente si presuppone che questa si effettui in base a reali interessi conoscitivi, manifestatisi nei fanciulli nelle particolari condizioni di vita offerte dalla scuola e dalla presenza del maestro.

Si è già detto che il problema scientifico deve nascere dal reale processo di vita del fanciullo. L'esplorazione che abbiamo illustrato è un processo di vita, con le sue molteplici implicazioni. Io penso, però, anche dietro la mia esperienza, che il problema scientifico possa scaturire ancor più genuinamente da certe attività che si svolgono continuamente in seno alla comunità scolastica. Prendiamo la vita delle rane. Una cosa è andare a osservarla nello stagno o nel torrente, una cosa è realizzare a scuola un acquario d'acqua ferma. A scuola c'è il problema di fornire il cibo, cioè di rifornire il piccolo stagno di daphnie, larve di zanzare, vermi di melma, ecc., e di curare la realizzazione di un equilibrio biologico stabile tra animali e piante. Ancor meglio serve, per importanti ricerche scientifiche, la realizzazione e la cura di un acquario tropicale. Qui c'è bisogno, da parte del maestro, di creare le condizioni per il sorgere dei problemi scientifici; la stessa presenza dell'acquario, che esercita sui fanciulli una profonda attrazione di carattere intellettuale ma anche affettivo, basta suscitare una quantità di problemi che non possono essere elusi, poiché dalla soluzione di questi dipende la vita dei minuscoli e variopinti abitatori della vasca. I problemi sorgono ancor prima che i pesci siano ammessi nell'acquario. Io ricordo che, quando realizzai l'acquario tropicale insieme ai miei ragazzi, le piante acquatiche furono piantate nella sabbia diversi giorni prima che giungessero i pesci. I ragazzi stavano a curiosare, col naso schiacciato ai vetri della vasca. Ben presto mi chiamarono allarmati per farmi notare che le piante erano ciondolanti, scolorite, moribonde. Io non detti alcuna spiegazione; dissi solo di aspettare. I fanciulli erano turbati e si chiedevano il perché di questa situazione. Appena i pesci giunsero (tra parentesi, fu una festa!), le piante si rianimarono, e ben presto presero colore e forza cominciando a crescere velocemente. A questo punto il problema si fece suggestivo e appassionante: perché con l'arrivo dei pesci le piante si erano comportate in tal modo? Si decise di fare un esperimento, per accertare se veramente la resurrezione delle piante dipendesse dalla presenza dei pesci. Si misero delle piante nella stessa sabbia, in un'altra vasca più piccola. Queste declinarono a vista d'occhio, ingiallirono, cessarono di vivere. Le altre invece crescevano a vista d'occhio, con un ritmo (da noi misurato) di 3-5 millimetri al giorno. La conclusione fu che la presenza dei pesci era indispensabile alla vita delle piante. Ma il problema sussisteva sempre: com'è che i pesci aiutano le piante a vivere? E di qui vennero fuori altre ricerche, che condussero alla consapevolezza chiaramente conquistata di una interdipendenza tra animali e piante nell'acquario. Si scoprì la funzione clorofilliana, l'importanza della temperatura e delle sue variazioni, e via dicendo. E i problemi, come ho detto innanzi, s'imponevano da sé. Una mattina, ad esempio, trovammo un pesce morto. Tutta la classe era in subbuglio. Bisogna scoprire la causa della morte, affinché non ne muoiano altri!

Guardammo al microscopio l'acqua della vasca, per vedere se si erano sviluppate formazioni batteriche. Niente di apprezzabile, salvo il fatto che si schiuse agli occhi dei ragazzi il mondo meraviglioso degli infusori. Controllammo l'intensità della luce attraverso l'effetto che questa produce sulla formazione delle alghe. Controllammo meglio i minimi e i massimi della temperatura, e infine rivolgemmo la nostra attenzione al cibo. La conclusione fu questa: vi era stata ad un certo punto una temperatura eccessiva, che aveva reso difficoltosa la respirazione. Si proponeva l'instaurazione di un termostato, oppure la realizzazione di un controllo più scrupoloso del riscaldatore. Infine il termometro fu incriminato, cioè fu accusato di non essere veritiero. Questa era un'ipotesi da verificare e si verificò. Infatti, l'acquisto di un nuovo termometro garantito ci dimostrò che il vecchio segnava tre o quattro gradi di meno della temperatura reale. Un'altra volta, la morte di un pesce ci portò ad accertare che il cibo era povero di vitamine: occorreva fare uno sforzo per fornire ai pesci maggiore copia di tubifex, daphnie, artemia salina e altro cibo vivo. Una delle nostre scoperte più interessanti riguarda però la sensibilità delle piante alla luce. La cosa andò così.

La vasca dell'acquario è illuminata da tre lampade, una centrale e due laterali. Un giorno una lampada laterale si bruciò. Non provvedemmo subito a cambiarla. Una mattina gli addetti di turno mi segnalarono una novità interessante: le piante dell'angolo rimasto in ombra crescevano in direzione della lampada centrale. Come mai succedeva questo? Forse le piante sentono in qualche modo da che parte si trova la luce e vanno a cercarla? Questa era l'ipotesi, il problema, che aveva implicita una via di soluzione. Infatti ragionammo così: spengiamo anche la lampada centrale; se è vero che le piante cercano la luce, esse cresceranno tutte in direzione dell'angolo illuminato. Così una sola lampada rimase accesa in permanenza. Come avevamo previsto, le piante crebbero tutte in direzione della luce, e una di esse, per attraversare l'acquario in tutta la sua lunghezza, raggiunse la misura di 56 centimetri. A questo punto giocammo uno scherzo alle piante: spengemmo la lampada finora accesa, e accendemmo quella dell'angolo opposto; ed ecco le piante invertire la direzione di crescita e tornare indietro. La nostra ipotesi era verificata in pieno; una importante conquista scientifica era realizzata da bambini di terza elementare. Altri esperimenti seguirono a questo, che sarebbe lungo descrivere. Gli esempi citati sono sufficienti, mi sembra, a dimostrare come possano crearsi nella scuola le condizioni per il sorgere di un problema scientifico veramente sentito dai ragazzi, anche dal punto di vista affettivo, e come si possa realizzare lo schema tipico della ricerca, così come abbiamo cercato di delinearlo negli articoli precedenti. Quel che si è detto per l'acquario, naturalmente, vale per lo stagno, per l'acquaterrario o paludario, per il terraio e per i vivari in generale, in cui possano allevarsi formiche, bruchi e ogni specie d'insetti, lucertole, tartarughe terrestri, cavie, tritoni, uccelli d'ogni sorta, ecc.

Se, fuori della scuola, ogni animale o pianta vive in una molteplicità di rapporti dinamici con gli altri esseri, ogni piccola porzione di mondo naturale che noi realizziamo nella scuola ci offre un saggio, un «campione» completo di quel ch'è la natura e dei rapporti d'integrazione esistenti fra gli esseri e gli elementi che la compongono.

E i problemi, ripeto, scaturiscono copiosi e s'impongono da sé, suggerendo ipotesi ed esperienze. Di fronte a tutto questo, che valgono le misere pagine di un sussidiario?

Ho accennato finora solo ad un aspetto della ricerca scientifica; quello, cioè, riguardante il mondo animale, sia pure nei suoi rapporti con quello vegetale. Innumerevoli occasioni di ricerca possono sorgere, però, dal giardino, dall'orto, o dal semplice allevamento delle piante nei vasi; i problemi possono riguardare il ritmo in rapporto al terreno, alla concimazione o meno, alla luce, ecc.; la sensibilità delle foglie e delle radici, il senso dell'equilibrio, il comportamento reciproco, e via dicendo. Altro vastissimo campo di sperimentazione è costituito dalla meteorologia, per la quale si possono costruire a scuola gli strumenti indispensabili, per non parlare della chimica e della fisica che rendono possibili centinaia di interessantissime, semplici e indimenticabili esperienze. Ritornando all'ambiente esterno, affascinante è il linguaggio delle rocce e dei fossili, dei muschi, dei funghi, della foresta. E altre cose ancora potremmo citare. Certamente, la ricerca scientifica presuppone prima di tutto la preparazione di certi materiali, di cui pure diremo in seguito, e infine la possibilità di consultare dei documenti scientificamente attendibili e adeguati al livello intellettuale dei fanciulli cui si rivolgono. La ricerca diretta non può esaurire gli interrogativi, fugare i dubbi, risolvere ogni problema. Non si può, nella scuola, ripercorrere tutto il cammino faticoso della storia della scienza. A un certo punto, posto un problema ed esaurite le possibilità di sperimentazione diretta, è legittimo e necessario anche il ricorso al documento, al capitale culturale accumulato dall'umanità. Come si deve ricorrere ai libri? Quale materiale documentario occorre? Questi sono interrogativi che esigono una risposta.

VII
L'esplorazione dell'ambiente[11]

Osserviamo il cielo. «Quella di esplorare l'ambiente dovrebbe essere una delle attività fondamentali della scuola», qualcuno può osservare. «Ma come fare per uscire dalle quattro mura dell'aula? Se un maestro tenta di organizzare una volta qualche esplorazione o gita scolastica, tante sono le remore burocratiche che gli si frappongono che ben difficilmente ci si proverà una seconda volta.» É vero. Ma, a parte il fatto che occorre lottare affinché siano rimossi tutti i limiti burocratici che impacciano il pieno sviluppo di una didattica veramente moderna, l'obiezione di cui sopra risente di un concetto non completamente giusto dell'ambiente. Questo non consiste solo nell'*habitat* che circonda la scuola, nell'insieme dei prati, boschi, campi, corsi o specchi d'acqua che potrebbero esser mete di esplorazioni. Ambiente è anche l'aula, ciò che si vede dalle sue finestre, sui davanzali; ambiente è il cortile, l'insieme delle aule e dei ragazzi, la casa e la famiglia di ciascuno, la bottega e l'industria. Anche il nostro corpo fa parte dell'ambiente, è campo d'osservazioni.

Noi vogliamo cominciare subito dalle piccole esperienze che possono farsi non abbandonando l'aula, guardando solamente fuori delle sue finestre, e questo non per favorire il «quietismo», la rinuncia a esplorazioni in campi remoti, ma per dare un'idea di come si possa fare opera di utile esplorazione senza muoversi dalle classiche «quattro mura».

Cosa vediamo dalle finestre dell'aula, dei corridoi?

Vediamo il cielo, vediamo che tempo fa. Fin dall'inizio della scuola, molto probabilmente, le conversazioni o i testi scritti hanno avuto per oggetto il buono o il cattivo tempo,

---

[11] Dalla rubrica *Esplorazione dell'ambiente* curata da Ciari per «Didattica di Riforma», 1963, 9-10-11.

l'acquazzone o la bufera, e così via. Niente di più facile che avviare da questi punti una osservazione più sistematica dei fenomeni meteorologici. Ammettiamo che la classe si proponga di compiere giornalmente la osservazione del cielo. Ogni giorno, all'inizio e verso la fine delle lezioni, andiamo alle finestre e guardiamo: com'è il cielo? Qui cominciano a venir fuori gli aggettivi (sereno, sgombro, nuvoloso, grigio, ecc.). E, se ci sono delle nuvole, che forma hanno? È bene lasciare che i ragazzi descrivano la forma e il colore delle nubi, fino al raggiungimento di una certa precisione. Dopo di che torniamo al posto e alcuni ragazzi, a turno; saranno incaricati di fissare i dati raccolti. A questo scopo possono essere utilizzate strisce di carta colorata in celeste, sulla quale, giorno per giorno, i ragazzi disegneranno le nubi di varia forma, bianche o grigie. A lato della striscia azzurra se ne potrà mettere un'altra bianca o quadrettata, in cui si descriverà lo stato del cielo per mezzo delle parole (questo quando il maestro avrà insegnato ai ragazzi a distinguere i nomi delle nubi: cirri, strati, nembi, cumuli, cumulonembi, ecc.).

Dalla finestra, poi, non si osserverà soltanto lassù in alto, ma anche vicino al suolo. Si vedono bene le colline, le case lontane? Oppure c'è nebbia che c'impedisce di vedere nitidamente? Possiamo fissare un certo punto (una casa, un palo telegrafico) e guardare sempre quello, ogni giorno, per constatare se si vede benissimo, bene, così così, quasi per niente, o se non si vede assolutamente. Già qui s'incomincia a determinare grosso modo una scala di valori (sia pure molto approssimati), così come si può fare per la , nuvolosità (cielo interamente coperto, coperto a metà, per la terza parte, e così via).

Già i bambini del primo ciclo sanno che la nebbia è umida, che è formata da tante goccioline, che assomiglia all'acqua, soltanto che le goccioline sono più leggere. Alla prima occasione, però, queste cose vanno fatte constatare espressamente.

La constatazione dell'umidità presente nell'aria può dar luogo a molte osservazioni. Arrivati a scuola guardiamo i davanzali, l'esterno dei vetri delle finestre: come sono? Umidi o asciutti? E la strada come? E il suolo del giardino?

Alcuni ragazzi potranno essere incaricati di fare osservazioni in casa e durante il cammino che compiono venendo a scuola: i panni stesi si asciugano alla svelta oppure no? Il sale della mamma, messo nella saliera (ove la casa non sia riscaldata), è secco, si polverizza bene oppure è umidiccio e tutto aggrumato? I capelli dei ragazzi facevano un rumore secco (crac, crac) quando la mamma li pettinava, oppure il pettine scorreva mollemente, senza far rumore?

Le finestre si chiudevano bene? Pei sentieri di campagna c'erano chiocciole o lumaconi?

Chi deve attraversare i campi, potrà constatare se l'erba è umida; anzi, questo potremo vederlo anche in cortile. Più in là, verso l'inverno, si potrà vedere anche se vi è ghiaccio o brina.

A scuola, partendo dalle osservazioni di cui sopra, si potranno preordinare alcune piccole esperienze: fuori dalla finestra si potrà mettere un piccolo recipiente di vetro con del sale, chiuso da un coperchio, ma non tanto da non lasciar passare l'umidità, oppure chiuso da una carta assorbente.

La mattina, venendo a scuola, si potrà osservare se la carta assorbente e il sale sono più o meno umidi. Se si dispone di una bilancia di precisione, oppure siamo in grado di fabbricarla, si può fare il confronto tra il peso del sale asciutto e quello del sale umido. L'entità di tale differenza ci dà un'idea dell'umidità presente nell'aria.

A questo punto potremo aggiungere al nostro grafico murale altre strisce: quelle, cioè, riguardanti umanità e la visibilità. Anche per l'umidità, all'inizio, la scala dei valori sarà molto approssimata (si adopereranno gli aggettivi «molta, poca, pochissima, media...»).

Lo stesso può farsi per la più importante delle precipitazioni: la pioggia. Questa può essere considerata sotto l'aspetto della durata (breve, continua...), oppure per la grossezza delle gocce, che può essere misurata mediante una carta assorbente su cui le gocce formano un cerchietto più o meno grande, i cui margini possono essere segnati col lapis. Anche per la grossezza delle gocce si può determinare una scala approssimativa di valori e riportare questi su un'apposita striscia, magari col disegno delle gocce cadute sulla carta assorbente.

Il vento. Le nuvole si muovono. Dalle finestre dell'aula

possiamo osservare questo movimento, e possiamo anche vedere il fumo di qualche comignolo piegato in questa o in quella direzione, le fronde degli alberi che stanno immobili o che sono più o meno agitate dal vento, i panni stesi all'aria su qualche terrazza, o qualche finestra o negli orti.

Che cos'è il vento? Se agitiamo una mano, o meglio un cartone, vicino al nostro viso, sentiamo un ventolino che ci accarezza. Che cos'è? Tutti i ragazzi sapranno dire che è l'aria che si muove. Il vento, dunque, è aria in movimento, che fa muovere tante altre cose. La mattina, dunque, possiamo chiederci anche: «C'è vento? E come va veloce?».

Anche per il vento occorre da principio elaborare una scala di valori approssimati, derivanti dalla semplice osservazione, senza uso di strumenti o misure appropriate. Possiamo citare, come esempio di valutazione empirica della velocità, la scala di Beaufort.

La scala di Beaufort si basa solo ed esclusivamente sulle osservazioni delle cose che ci stanno intorno, osservazioni che possono compiersi da scuola e venendo a scuola. Siamo qui al primo livello della esperienza; via via che andremo innanzi, le rilevazioni si faranno progressivamente più precise e s'introdurrà, l'uso di strumenti dapprima rudimentali e poi sempre più perfetti, fino a raggiungere una precisione abbastanza rigorosa, qual è quella tipica della scienza.

Sul nostro quadro murale, formato da tante strisce, si raccolgono i dati. Su un album, poi, o su un quaderno, possono farsi piccoli testi scritti che descrivono in brevi proposizioni osservazioni compiute.

velocità in kmh	*stato del vento*	*effetti del vento al suolo*
meno di 1	aria calma	il fumo sale verticalmente
1-5	debole	fumo piegato in qualche direzione, banderuola ferma
5-10	debole	il vento ci carezza la pelle, le foglie fremono, la banderuola gira lentamente
10-20	debole	i rami stormiscono, un panno leggero si spiega al vento
20-25	moderato	la polvere e i pezzi di carta volteggiano, i piccoli rami si agitano
25-35	medio	gli arboscelli oscillano
35-45	forte	I fili elettrici vibrano, i grossi rami oscillano
45-55	violento	tutti gli alberi oscillano
55-70	tempesta	alcuni rami si abbattono, la marcia è ostacolata
70-80	tempesta	piccoli danni agli edifici, insegne abbattute
80-100	tempesta violenta	alberi sdradicati, danni importanti agli edifici

Guardiamoci intorno. Nel precedente articolo, abbiamo parlato dell'umidità che si poteva constatare, vedere, toccare, sul suolo o sulle foglie dell'erba, nel sale o sospesa nell'aria. A questo punto bisogna evitare che i ragazzi credano che esista soltanto l'umidità «che si vede». Intanto noi facciamo osservare che anche nel fiato che noi emettiamo c'è umidità: basta alitare piuttosto da vicino su un vetro su uno specchio. Qualche ragazzo osserverà che, in certe giornate, il fiato nostro e degli animali si vede chiaramente mentre in altre giornate non si vede affatto. Noi possiamo prendere spunto da questa osservazione per invitare i ragazzi della squadra meteorologica e notare giornalmente, nei testi di osservazione, se il fiato si vede o no.

Dunque, i fanciulli incominciano a comprendere che può esistere anche umidità invisibile. Ma facciamo compiere qualche altra osservazione: ci sono giornate in cui i vetri delle finestre dell'aula, sulla superficie interna, sono molto umidi, addirittura in qualche caso gocciolanti.

All'esterno, invece, l'umidità sui vetri si nota appena o non esiste. Perché? Da dove proviene l'umidità sulla superficie dei vetri? Certo doveva essere nell'aula, e doveva logicamente essere invisibile.

Ma l'umidità nell'aria c'è sempre, non solo in certe giornate. Mandiamo a prendere del ghiaccio, mettiamolo - in un barattolo qualsiasi, o in una scatola di latta (meglio se chiusa). Poi invitiamo i ragazzi a osservare cosa accade sulle pareti del barattolo o della scatola. Da dove viene quell'umidità? Certo doveva essere mescolata all'aria. Ed era invisibile.

Umidità e animali. A questo punto possiamo invitare i ragazzi a compiere osservazioni nel loro ambiente, per riferire a scuola oralmente e per iscritto. Nei viottoli, nelle fosse, sulle siepi, le chiocciole vanno in giro? Che cosa fanno le chiocciole quando l'aria è secca, cioè quando l'umidità è pochissima? E come si comportano dopo la pioggia? Quand'è che gli uomini vanno a far raccolta di chiocciole?

E la mosca? Compie lunghi voli, oppure voli più brevi? Si riposa spesso? E le rondini, volando, radono il suolo oppure vanno molto in alto?

Per spiegare questi ultimi interrogativi basta ritornare al sale secco e a quello umido: quale pesa di più? La stessa esperienza si può fare con una carta assorbente, con un foglio qualunque; il ragazzo potrà arrivare alla conclusione che più un oggetto è impregnato di umidità, maggiore è il suo peso.

Ora, anche le ali degl'insetti assorbono umidità; quando questa è maggiore, le ali peseranno di più o di meno? Lo stesso può dirsi per le ali delle rondini. Dunque...

Se abbiamo una rana in un terraio, possiamo osservare il suo comportamento. Sappiamo che essa ha bisogno di umidità: spesso, infatti s'immerge nell'acqua, e se ne sta sempre tra l'erba umida e fresca. Quando l'aria è abbastanza satura di umidità, la rana esce fuori, sale sui vetri e ci sta per molto tempo. Vuol dire che l'umidità è molta.

Tutti gli animali hanno un certo comportamento, compiono certe attività in rapporto al grado di umidità dell'aria: le api (affaccendate quando l'aria è asciutta), i ragni (che tessono col bel'tempo la loro tela), e, via via, i gatti, le formiche, eccetera eccetera.

Tutto questo è da scoprire; nel libro della vita degli animali, ove si raccolgono appunto tutti testi relativi a questi esseri, si cerchi di notare il comportamento animale anche in rapporto al clima, all'umidità, alla pioggia. Si stabiliranno così i primi nessi tra l'essere vivente e l'ambiente in cui si trova. Ma anche l'uomo non è indifferente al grado di umidità: i bambini avranno certamente sentito qualche vecchio affermare: «Mi dolgono le ossa, il tempo sta peggiorando». Oppure: «Mi duole il braccio, stasera piove di certo!». È vero: l'aumento di umidità intorno a noi fa risentire i dolori reumatici: le nostre narici sono più umide, i mal di gola, le infreddature, son più pronti.

Si potrebbe concludere che per noi l'aria dovrebbe essere secca: ma poi faremo subito notare ai ragazzi che in una stanza ove ci sia una stufa elettrica che fa seccare l'aria, noi respiriamo male, avvertiamo un certo prurito alla gola, stiamo a disagio. Dunque, un certo grado di umidità dell'aria, sia pure minimo, è necessario anche per noi. Da qui può nascere una discussione, una ricerca sulla quantità di umidità necessaria ai vari animali, anche in rapporto ai nostri allevamenti. A questo proposito, un giorno nella mia classe accadde un episodio drammatico: una rana era fuggita attraverso uno strappo della reticella del vivaio; ci mettemmo subito a cercarla, e, di lì a poco, la trovammo bell'e morta, risecchita. Nessuno l'aveva pestata o ferita, eppure era morta. Questo fatto si ripetè.

I ragazzi si convinsero così che per la rana non è tanto questione di preferenza, ma questione di vita o di morte vivere in un ambiente umido.

La evaporazione. Come l'umidità, in forma di gocce più o meno grandi, cade dal cielo e bagna il suolo, o si raccoglie in pozzanghere, corsi d'acqua piccoli e grandi, ecc., così l'acqua va dalla terra al cielo. È facilissimo far notare al fanciullo i fenomeni di evaporazione che si hanno dopo un acquazzone: ecco una pozza: guardiamola tra un'ora: c'è sempre? E sempre grande come un'ora fa?

Che l'acqua si trasformi in vapore è esperienza di ogni bambino; occorre comunque organizzare anche a scuola semplici esperimenti:

1) mettiamo la stessa quantità d'acqua in due scodellini: uno lo mettiamo al sole, l'altro all'ombra: controlliamo con l'orologio il tempo che l'acqua impiega per la evaporazione. Che conclusioni ne traggono i ragazzi?

2) disponendo di un fornelletto, o anche di una candela, ripetiamo l'esperienza precedente, scaldando un terzo scodellino;

3) incarichiamo un ragazzo di mettere in frigorifero uno scodellino uguale a quelli delle esperienze di cui sopra, con la stessa quantità d'acqua: cosa accade?

4) se fuori è una giornata umida, mettiamo il solito scodellino con la stessa acqua, e controlliamo il tempo di evaporazione, confrontandolo coi tempi registrati al sole, all'ombra in giornata secca, sul fornello, nel frigo, ecc.;

5) prendiamo due strisce di stoffa, bagnamole nello stesso modo e per lo stesso tempo in acqua, lasciamole sgocciolare. Quando non gocciolano più, arrotoliamo una di esse, senza strizzarla, ed esponiamola al sole; l'altra esponiamola distesa. Quale delle due si asciugherà per prima? Quali conclusioni trarre dall'esperienza?

A questo punto, il ragazzo dovrebbe avere un'idea elementare ma sufficiente del fenomeno dell'evaporazione, delle sue cause, delle condizioni che lo rendono più o meno rapido. È qui che dobbiamo avvertire i ragazzi che per la formazione delle nubi occorre la evaporazione di immense masse di vapore, fenomeno che avviene, non intensamente come nella pentola che sta sul fornello, sulle sterminate superfici dei mari e degli oceani.

Escursioni e collezioni. Abbiamo visto, parlando della meteorologia, come ci si possa guardare intorno, e si possano cogliere interessanti aspetti del nostro ambiente, anche senza muoverci dall'aula.

Ma occorre anche uscire dall'aula, sia pure per scendere semplicemente nell'orto, nel giardino, nel parco della scuola, oppure, se si è in campagna, per uscire all'aperto a contatto con la natura. L'insegnante, comunque, dovrebbe organizzare gite, escursioni, esplorazioni, e in queste stimolare l'osservazione dei ragazzi.

Ammettiamo che sì vada in giro sulle rive di un fiume, di un torrente, di uno stagno: quante cose ci sono da vedere, da osservare, quante domande da fare! Non dobbiamo dimenticare mai di raccogliere campioni di tutto quel che interessa: qualche formica, lumache, rane, qualche pesce, bruchi e altri animali, e poi pianticelle, foglie di pioppo, vimini, campioni di terra, d'acqua, conchiglie, sabbia, sassi, e via dicendo. Si andrà in giro, quindi, armati di qualche retino, provvisti di barattoli con apposito coperchio e di scatole, in cui porremo le nostre prede viventi. A questo proposito occorre tenere in mente:

a) che le rane vanno poste in barattoli con qualche dito d'acqua;

b) che le lumache e le chiocciole hanno bisogno di un ambiente umido: mettere quindi nei barattoli o nelle scatole un po' di muschio, qualche zolla di terra erbosa, e qualche foglia;

c) che le formiche vanno sistemate con un po' di terra;

d) che è importante estrarre le pianticelle viventi, acquatiche o no, con le intere radici e con la terra che le circonda;

e) per i bruchi vale quel che si è detto per le lumache.

A scuola, poi, si discuterà di quel che si è visto, e si osserveranno bene i nostri campioni. Questo è un momento importante: il momento in cui i fanciulli, opportunamente stimolati, scoprono molti particolari che prima sfuggivano e incominciano a fare distinzioni. Intanto, prima di tutto, si possono distinguere gli esseri viventi da quelli non viventi, i ragazzi sapranno operare subito questa distinzione, è facile: la pietra, la terra, l'acqua, la conchiglia e altre cose non vivono, mentre vivono, eccome, il pesce che guizza nel barattolo, la rana, la lumaca che butta fuori le sue antenne e gli altri esseri, piante comprese. «Ma perche si dicono viventi?», domanderà a questo punto il maestro, «Da che cosa vi accorgete che vivono? In che cosa sono differenti dagli altri?». Questa discussione, nel cui merito non entro, può portare a un primo concetto dell'essere vivente, come quello che «nasce, si nutre, cresce, mette al mondo altri esseri simili a sé, respira, lavora, muore». Vi sono poi altre distinzioni da fare: abbiam detto che animali e piante rientrano nel concetto di essere vivente: ma in che cosa sì distinguono? Che cos'è che caratterizza l'animale e la pianta? Eppoi: vediamo gli animali, osserviamoli per alcuni giorni: essi sono diversi per l'ambiente in cui vivono (il pesce nell'acqua, la formica nella terra e tra l'erba, ecc.) per la maniera di muoversi, di mangiare, di respirare. I ragazzi, osservando bene la vita dei vivari, incominceranno a compiere queste distinzioni e altre: è l'inizio di una classificazione, che va riportata su una tabella come quella più sotto.

Animale	*Ambiente in cui vive*	*Temperatura del corpo*	*Di che si nutre*	*Modo e mezzi di locomozione*
pesce	acqua	variabile, uguale a quella dell'acqua	di vermi, insetti, briciole di carne cruda	si muove per mezzo della coda e delle pinne, scivolando nell'acqua

Questa tabella può, naturalmente, essere estesa e complicata progressivamente, via via che si scoprono gl'innumerevoli nessi d'interazione che uniscono l'animale al proprio ambiente, e via via che si scoprono e si caratterizzano le funzioni vitali e i relativi organi. Le definizioni e le osservazioni che compaiono sulla tabella saranno sempre più precise ed esaurienti. Quel ch'è indispensabile è che «Il ragazzo stesso distingua, classifichi, definisca, tragga le conclusioni dalle esperienze». Solamente a questo patto si può parlare di educazione scientifica.

La natura in aula. Possiamo procurarci qualche esemplare vivente (vegetale e animale) per portarlo nell'aula scolastica al fine di una migliore e più prolungata osservazione. Sarà bene indicare a questo punto alcuni strumenti semplicissimi che dobbiamo portare nelle nostre escursioni e che ci facilitano la cattura e la conservazione temporanea dei nostri ospiti:

a) piccola bilancia e retino da pesca: barattoli con tappo a vite, per pesci e rane,retino per la cattura d'insetti e lucertole: scatole di cartone con coperchio bucherellato;

b) barattoli di latta con coperchio bucherellato, qualche cucchiaio, zucchero da spargere intorno al nido delle formiche, uno zappino o una mestola da muratore se vogliamo scavare per catturare il nido tutto intero. Il cucchiaio serve per prendere gli esemplari di formiche che c'interessano, le uova, le larve, ecc.;

c) barattolini per i piccoli molluschi;

d) sacchetti di plastica per le piante.

Se intendiamo osservare e studiare i campioni raccolti (cui sono da aggiungersi dei minerali) per un periodo piuttosto lungo, o addirittura per diversi mesi, occorre preparare una casa accogliente per i nostri ospiti. Troppo lungo sarebbe descrivere i diversi vivari, e indicarne i particolari costruttivi (anche tecnicamente sarebbe impossibile su queste pagine). Tuttavia, indicherò un modello di «vivario universale», molto semplice; che può servire per moltissime specie di animali. Si tratta, in fondo, di una grossa scatola di vetro, coperto da una reticella da zanzariera, che si realizza mediante il nastro adesivo tipo Mistik (consigliamo però il Pirelli).

Il vivario dovrà poggiare su una base di legno, poiché in tal modo potremo anche spostarlo. La reticella sarà fissata su un semplicissimo telaietto di legno. Ora, come arredare il nostro vivario?

Diamo alcune indicazioni schematiche:

- Molluschi: mettere al fondo una spugna, che manterremo sempre umida; poi dei ciottoli piuttosto piatti, delle zolle di terra con muschio a contatto con la spugna.

Non far mancare mai qualche foglia di insalata, specialmente lattuga.

- Lucertole: una o due spugne in due angoli; zolle erbose; nel centro del vivario qualche pezzo di mattone posto verticalmente, o qualche piccolo arbusto, su cui le lucertole possano arrampicarsi. Inumidire il vivario moderatamente in modo che alcune zone siano asciutte. Mettere zolle sovrapposte; inserire nidi di formiche, lombrichi, larve di mosconi (che si trovano anche nei negozi di articoli da pesca). Ricordarsi che le nostre ospiti si nutrono di insetti, piccoli vermi, pìccoli molluschi (le lumachine dell'insalata).

- Rane: dobbiamo realizzare un praticello di zolle erbose e realizzare un laghetto mediante un piattino, un tegamino, che incastreremo nel praticello, e in cui manterremo due dita d'acqua. Ricordarsi di bagnare l'erba ogni tanto, o d'inserire al di sotto delle zolle la solita spugna che inumidiremo ogni tanto. Cibo per le rane: insetti (inserire nel vivario una scatolina asciutta con larve di mosconi, che compiranno la loro metamorfosi e diventeranno cibo per la rana), lombrichi, tubifex.

- Bruchi: stare attenti alla pianta sulla quale abbiamo raccolto il bruco; se esso, ad esempio, stava tra le foglie di un cavolo, è chiaro che dobbiamo mettere nel vivario foglie di cavolo. Il vicario non dev'essere assolutamente asciutto ma neanche troppo umido.

- Pesci: i pesci possono essere conservati nei soliti barattoli cilindrici o rotondeggianti, che però mal si prestano alla osservazione. Purtroppo, non possiamo dare qui particolareggiate indicazioni per la costruzione di un vivario per pesci, a forma di parallelepipedo (che è la più razionale). Diremo soltanto che lo si può realizzare tagliando tutte le pareti di una grossa stagna di latta, e sostituendole con vetro piuttosto spesso, fissato con mastice speciale da acquario. Tappare bene ogni angolo, ogni interstizio. Mettere subito al fondo sabbia lavata e magari sterilizzata; inserire le piante acquatiche (anche esse preventivamente ben lavate per liberarle da parassiti di ogni specie) e versare l'acqua di rubinetto in modo da non scompaginare il fondo di sabbia. L'acquario è pronto.

Il vivario da noi proposto (specie se rafforzato con angolini di latta fissati con cementatutto) può servire anche da «terrario», in cui possiamo seminare o piantare ogni specie vegetale. Le radici, spesso, si sviluppano a contatto col vetro, e possiamo seguire il loro sviluppo.

Abbiamo ora le case per i nostri animali e le nostre piante; possiamo seguire ora il ciclo completo della loro vita mediante osservazioni giornaliere, che verranno diligentemente annotate su quaderni appositi o su fogli staccati che si raccoglieranno in cartelline. Proponiamo, per ogni animale o pianta, anche una scheda del tipo seguente:

- nome proprio (se diamo all'animale un nome, cosa che non ha importanza dal punto di vista scientifico)
- nome comune (specie)
- ordine
- classe
- tipo
- provenienza
- data dell'arrivo in aula
- età (presunta) all'arrivo
- data di nascita (se nato in aula)
- data della morte... data della partenza
- caratteristiche essenziali.

Sul retro della scheda si potranno inserire righe riguardanti le malattie, i parti, i figli nati e sopravvissuti, e altre note.

Tutte le schede andranno a costituire l'anagrafe dei nostri ospiti.

Le osservazioni che si potranno raccogliere saranno preziosissime. Possiamo vedere, ad esempio, a quale momento del giorno la lucertola esce dalla sua tana; com'è fatta, come si muove, come cattura le sue prede col movimento rapido della lingua o come le inghiotte; come sale sui mattoni o sull'arbusto a prendere il sole e come aumenta la sua vivacità nelle ore più calde. Annoteremo poi l'ora in cui si rifugia nella sua tana. Tutto questo non potrà non porci dei problemi, i problemi più semplici: perché la lucertola esce dalla tana così tardi? Perché è così amante del sole e sale a goderselo sul suo muricciolo? E perché rientra nella tana non appena il sole accenna ad andar sotto?

Abbiamo fatto un esempio solo, ma gl'interrogativi che nascono saranno centinaia, e ci porteranno a fare raffronti, accostamenti e distinzioni, a ricercare quel che i nostri animali, e anche quelli «di fuori», hanno di simile e di dissimile. E la base, il punto di partenza di uno studio della natura non superficiale, non episodico, di cui indicheremo via via gli sviluppi possibili.

Abbiamo accennato che, anche avendo trasportato nella nostra aula angolini viventi della natura, non dobbiamo trascurare il mondo esterno. E autunno, si avvicina lentamente l'inverno; molte cose si trasformano intorno a noi. Alcuni alberi perdono le foglie, pare si addormentino; alcuni animali scompaiono, periscono (quali?), altri migrano, altri cadono in letargo. Alcuni di questi fenomeni li potremo osservare anche nei nostri vivari, ma dovremo seguirli sempre anche dall'esterno, perché potrà darsi che in aula (se questa è riscaldata), certe abitudini possano modificarsi.

VIII

Scienza e lingua[12]

Vi può essere una preoccupazione, specialmente in qualcuno che si avvicini a noi per la prima volta: cioè che per dare spazio alla ricerca scientifica si trascurino le fondamentali attività della scuola primaria: insegnare al fanciullo a leggere, scrivere, far di conto.

Quanto allo scrivere, vorrei poter leggere qui molti testi di osservazione emersi nelle nostre classi, per far notare la vivezza e la ricchezza dell'espressione, unita ad una carica affettiva. Sentite questa descrizione della raganella, dal diario di Mario Lodi: «La raganella che ha portato Vanni non sta come le altre rane nell'acqua o sul sasso, ma salta e si attacca al vetro. Ha il dorso verde e la pancia bianca».

«La nostra raganella è una cacciatrice. Noi catturiamo le mosche e le mettiamo nel vaso. Essa esce dall'acqua pian piano, si arrampica sul sasso e si prepara alla caccia; fissa la mosca e quando la vede abbastanza vicina spicca un salto, lancia in fuori la lingua e la ingoia; poi torna sul sasso ad aspettarne un'altra. E furba, svelta, bellina. Noi le diamo tutte le mosche, così ci tiene la scuola pulita...»,

Ed ecco un testo emerso nella mia classe:

> «Stamattina, quando siamo venuti a scuola, ha detto maestro: "Sono nati di nuovo due piccoli Hamster!". Anche Vallis ha gridato: "Ragazzi, sono nati gli Hamster"».
>
> «Il Pettini è andato di corsa a vedere, poi sono venuti gli altri.»
>
> «Rosi li teneva sotto la pancia e li riscaldava. I piccoli sono rossini, hanno la coda corta corta.»
>
> «Topo Gigio è sceso dalla gabbia per mangiare, Rosi metteva il

[12] Raccogliamo qui scritti apparsi sia su «Cooperazione Educativa» che su «Didattica di Riforma». Questo primo brano è stato tratto dalla relazione svolta al convegno MCE di Certaldo il *4-5* novembre 1961, Cfr, «Cooperazione Educativa», 1961,11.

musino fuori dal nido, ma non usciva.»

«Ora Rosi è venuta fuori ed ha ripulito tutto un vassoio di semi di girasole, fa rifornimento di cibo. Mentre era fuori dal nido noi abbiamo visto che gli Hamster nati sono cinque. Evviva! Ora in tutti sono sette.»

Queste composizioni dimostrano che l'osservare e il ricercare comportano necessariamente l'espressione, che ogni giorno viene fuori anche è troppo ricca. Non c'è più l'imbarazzo della scuola di vecchio stampo per trovare un tema che non sia già stato dato.

E per il leggere? Come vedremo, ogni indagine non esaurisce i problemi, pur risolvendone uno ne apre cento; esperienza diretta rimanda quasi sempre al documento, al libro: ecco la necessità di leggere attentamente, per comprendere, per rispondere a dubbi.

Il far di conto, poi, mi pare implicito in qualsiasi attività scientifica La scienza è fatta di rigore, di precisione, di misura; la matematica, la più astratta fra le scienze, la più rigorosa, non può essere assente qualsiasi indagine si compia, e non è il caso di esemplificare. Dirò soltanto che è in rapporto alla costruzione dell'acquario che nella mia classe si è scoperto il decimetro quadrato.

E sorto il problema se, in collegamento con l'attività di ricerca scientifica, si possa sviluppare l'educazione linguistica. Qualcuno avanzava dei dubbi e pensava che, nel corso di una ricerca scientifica, inserirvi le riflessioni grammaticali, sintattiche, potesse costituire una forzatura. Infatti questo può anche avvenire: ci può essere qualcuno che per un malinteso concetto dell'unità d'insegnamento, qualunque cosa faccia, (ricerche sul fiume sulla vita del baco da seta), per forza voglia inserire disegno, lingua, problemi, ecc., cioè artificiosamente voglia far confluire attorno allo stesso centro tutte le materie. Ora, noi abbiamo già sgombrato il campo da questo equivoco. Non ci dev'essere nessun artificio; nella ricerca debbono confluire solo gli elementi che le sono essenziali. Se facciamo un problema, come quello della briciolina, prima pesata fresca e poi pesata quando è seccata, lo facciamo proprio perché è essenziale alla ricerca stessa, non per dire: «Ci ho fatto anche la matematica». Ricordiamoci del nonno morto che aveva lasciato quattrocento lire al nipotino Carlo e il maestro chiede: «Carlo, quante caramelle da cinque lire si possono comprare, con quelle quattrocento lire?». Il concetto mi sembra che sia chiaro. Però, per quanto riguarda la lingua, sono convinto che tra attività scientifica e lingua ci sia una connessione organica, anche per quel che dicevamo ieri a proposito della natura del pensiero.

Con che cosa pensiamo? Possiamo pensare per immagini, cioè immaginare noi stessi che mettiamo il piede su una tavola marcia, caschiamo dentro il burrone e ci rompiamo la testa, e scartare quella soluzione; come scartiamo poi la soluzione di saltare il fosso perché, sempre per immagini, vediamo noi stessi non raggiungere l'altra sponda del fosso e conseguire lo stesso risultato; quindi pensiamo a noi stessi che andiamo a un casolare, prendiamo la scala, ecc.

Ma questo non è il caso del pensiero[1] scientifico. Se la capacità immaginativa c'entra molto, specialmente quando c'è da progettare qualcosa (strumenti, macchine), pensiamo però essenzialmente per mezzo delle parole, o meglio per mezzo dei simboli, siano essi linguistici, matematici o della logica; segni, cioè, ognuno dei quali sostituisce una cosa o un'operazione: invece di prendere due ciliege e poi altre due ciliege e metterle insieme, noi facciamo: 2 + 2. Il 2 rappresenta le cose, il segno + rappresenta l'operazione. Questa è una conquista importantissima dell'umanità, perché dà la possibilità di operare e di sperimentare senza bisogno di manipolare le cose, e quindi di arrivare a delle conclusioni che poi nella pratica si mostrano valide.

I famosi calcoli di Einstein (per cui doveva, in un determinato momento, transitare una certa stella, accadere un certo fenomeno, e quel fenomeno previsto accadeva) erano fondati su simboli, in quanto egli non poteva andare a prendere le stelle e misurare le distanze. Soltanto tramite i simboli noi possiamo dominare la realtà in un modo così ampio e così rapido che non sarebbe possibile se dovessimo continuamente, come il bambino (finché non ha la capacità di ragionare per simboli), fare addizioni, sottrazioni e divisioni con le mani, per mezzo di attività sensoriomotrici. Il pensiero vero e proprio si manifesta quindi mediante i simboli. Se il nostro ragionamento sui simboli è sbagliato (ad esempio il calcolo della pressione interna che si produce nell'interno della camera di combustione di un razzo), avviene che la camera esplode. Dunque, se i simboli e le loro combinazioni (cioè le operazioni che facciamo coi simboli) sono sbagliate, anche il loro corrispettivo pratico sarà una cosa sbagliata.

Per quanto riguarda la lingua, possiamo allora passare subito a quello che è il concetto crociano: se un discorso non è chiaro vuol dire che il pensiero non è chiaro e anche l'azione che ne dovrebbe seguire è confusa. Quindi: se tu pensi chiaramente, devi anche esprimerti chiaramente, deve esistere piena corrispondenza tra pensiero ed espressione. Quando si dice: dentro di me ho un sacco di cose, mi sento l'universo intero, però non mi riesce di tirar fuori che qualche riga misera, allora non si possiede ancora la verità, perché si possiede veramente solo ciò che si riesce ad esprimere con chiarezza e con ordine.

In fondo, la logica è fatta di perché, come il ragionamento o sillogismo aristotelico. Prendiamo la ipotesi della briciolina: la mancanza d'acqua non fa vivere i microbi, vorrà dire che la briciolina essiccata non andrà a male.

Anche questo tipo di ragionamento ipotetico non può essere fatto che per mezzo di parole. Ma voglio far rilevare che questo tipo di costruzione, un periodo ipotetico, è qualcosa che può venir fuori solamente in rapporto alla ricerca scientifica. Altrimenti il periodo ipotetico di questo tipo chissà se sarebbe venuto, forse non sarebbe venuto mai. Diremo anche che non potevamo fare a meno di fare questo ragionamento: «Se è vero questo e quest'altro, ne dovrebbe derivare...», perché la formulazione dell'ipotesi è il momento decisivo, il più importante di tutta la ricerca scientifica, quando è possibile formularla. (E ripeto: stiamo attenti che l'ipotesi sia formulata dai ragazzi stessi, che essi ci arrivino; la scriviamo sulla lavagna, la si corregge, la si mette a punto e poi si scrive nel progetto e rimane esposta.) Nella fase di progettazione quindi noi ci esprimiamo dicendo quel che faremo: l'uso del futuro, del condizionale, è un tipo di espressione nuova che si trasferisce anche nell'attività espressiva. Non è che ci sia una prosa scientifica che il ragazzo adopera solo quando fa le relazioni scientifiche; c'è l'arricchimento che si trasferisce nel campo dell'attività espressiva.

Un esempio: io ho trovato in diverse lettere che hanno scritto i miei ragazzi, rispondendo a domande sul tempo dei corrispondenti romani, espressioni di questo genere: «Si vede qualche cirro in movimento all'orizzonte... qualche cumulo...», termini che essi non avrebbero mai messi in una lettera se non avessimo fatto le ricerche meteorologiche. E le hanno messe non in modo che appesantiscono il testo, ma ben fuse in esso.

La ricerca scientifica porta un contributo notevole alla lingua, si disse al nostro convegno di Milano, in quanto la necessità di adeguarsi all'oggetto tipico della scienza, descrivendolo con le parole esatte (sia esso un animale che si muove, sia un fenomeno), esige una descrizione precisa che non si nota nell'attività espressiva in cui il ragazzo racconta in un modo più immediato. Quando è abituato a cercare i termini più appropriati, il ragazzo, anche se scrive una piccola poesia o un testo, è più indotto, per descrivere anche un sentimento, a cercare il giusto termine. C'è sempre questa interazione: l'attività linguistica non si divide in due spicchi, da una parte la prosa scientifica, dall'altra quella a carattere creativo. In prima classe non c'è distinzione fra i due aspetti: può capitare al ragazzo di dire: «Ho visto un riccio, era fatto così: aveva tante spine». In fondo, è una specie di relazione scientifica che descrive un essere, un animale, sia pure con qualche inesattezza. Non c'è, in principio, differenziazione; ma a un certo punto, dalla radice unica del testo libero cominceranno a distinguersi vari rami, indirizzi diversi; verrà fuori il racconto tipo diario, verrà fuori la relazione scientifica, il dialogo, il racconto di invenzione, la piccola poesia o la sceneggiatura, la drammatizzazione, tutta una serie di attività linguistiche multiformi. Le acquisizioni che si fanno nel campo della «poesia scientifica», attraverso le relazioni, la formulazione di progetti, le conclusioni, le monografie che stampiamo, sono conquista di forme, di molti vocaboli nuovi, che si trasferiscono nelle composizioni a carattere espressivo. Ora farò degli esempi che riguardano la meteorologia, cioè l'attività che noi inizieremo stasera. Vi posso garantire che nella mia classe ciascun ragazzo sa adoperare oggi certi termini come «variabile», «invariabile», «intermit tenza», ecc. Visto che c'era necessità di fissare questi termini, a un certo punto abbiamo fatto delle tabelle in cui, ad esempio, per l'acqua e per la pioggia, c'è la colonna dei verbi, degli aggettivi, dei nomi. Voi direte: ma questa non è una cosa nuova. Non sono cose nuove; solamente, noi le inseriamo in un processo. Noi le leghiamo alla necessità motivata di descrivere, di esprimerci in maniera corretta. (Alcuni esempi alla lavagna.) Così noi facciamo della grammatica e discutiamo sulle proprietà dei vocaboli, tant'è vero che siamo andati costruendo uno schedario linguistico a cui il ragazzo ricorre. Io sono convinto che da un'attività scientifica bene impostata, che incominci anche dalla prima classe, dal primo livello, e si protragga fino alla quinta e magari fino alla scuola media, tutta l'educazione linguistica ritragga giovamento importante e decisivo.

Ciò ci riporta all'affermazione fatta da principio che il rigore del pensiero deve corrispondere al rigore del linguaggio e viceversa. A proposito di codesti ribaltamenti si potrebbe citare la storiella curiosa dello scienziato che aveva una pulce. La mise sul tavolo e le disse: «Salta». E la pulce saltò. Allora lo scienziato annotò: «Quando la pulce sente dire 'salta', essa spicca un salto, quindi possiede l'udito». Poi le tolse le zampine, la rimise sul tavolo e le disse: «Salta». La pulce non saltò. Lo scienziato scrisse: «Questo significa che quando la pulce non ha le zampe diventa sorda».

Possiamo dunque affermare che i due tipi di espressione che abbiamo definito «prosa scientifica» e «prosa creativa» molto spesso si fondono: questo è testimoniato dal fiorire nella nostra classe del romanzo, del «racconto lungo» e anche del romanzo a sfondo scientifico, storico, ccc. Noi ne abbiamo un esempio col *Cipì,* libro scritto dai ragazzi di Mario Lodi e poi rielaborato dal maestro, un racconto di delicata fantasia che però si fonda su una conoscenza precisa delle abitudini dei passeri. Nel libro confluiscono conoscenza scientifica e creatività. Nella mia classe sono stati creati molti racconti che parlano della preistoria e di tutta la storia umana studiata obiettivamente. Ne viene fuori una storia molto drammatica, sciolta, di invenzione letteraria che però si fonda sulla conoscenza scientifica. Caso tipico il romanzo di Masini e di altri alunni sulla conquista dello spazio: sono fioriti i racconti e i romanzi spaziali, i quali a un certo punto sono stati sceneggiati dai ragazzi. Quando le sceneggiature sono state registrate, è sorto il problema dei rumori e della musica, quindi c'è stato anche un rapporto con l'educazione estetica in quanto abbiamo scelto le musiche in riferimento all'azione che si stava compiendo. Come da un testo libero poetico su un uccellino può nascere anche una ricerca, da uno studio sui razzi e sul cosmo si può arrivare alla musica e alla poesia. La ricerca scientifica non uccide l'altro aspetto: sono i due aspetti che vanno equilibrati e che interagiscono continuamente tra di loro.

È chiaro per tutti[13] (oppure no?) che il linguaggio immediato del fanciullo, con cui il nostro alunno ci riferisce le sue esperienze, è estremamente schematico, così come schematici sono i suoi disegni; egli esprime solo alcuni elementi della azione, quelli che immediatamente, senza sforzo, gli vengono in mente. Non si tratta di un discorso conciso, sintetico, in cui poche essenziali parole riescono a trasmettere compiutamente ed efficacemente un contenuto; si tratta di una ricca materia di cui solo alcuni tratti emergono spontaneamente e si fanno pensiero. Il piccolo testo che vien fuori ha un significato pregnante soltanto per colui che l'ha scritto. Se Giuseppe, ad esempio, racconta: «Ieri sera andai a letto col palloncino, e mi scoppiò, e la mamma mi sgridò», il testo a lui suggerisce un mucchio di cose, gli riporta in mente una esperienza molto più ricca interessante; agli altri dice ben poco. Già abbiamo detto che, dietro lo stimolo dei compagni della classe, il testo può arricchirsi parecchio; lo sforzo di ricerca fa emergere particolari nuovi, e si apprende che il ragazzo desiderava tanto un palloncino di gomma; finalmente la mamma gliel'aveva comprato, e Giuseppe se l'era addirittura portato a letto tenendoselo abbracciato. A un certo punto, forse, il ragazzino si era voltato, aveva schiacciato il palloncino che era scoppiato con un gran botto. Nella camera tutti (madre, i numerosi fratelli, ecc.) si erano alzati su, allarmati. «Che è successo?» «M'è scoppiato il palloncino!» «Disgraziato, m'era costato cento lire!».

Il testo, così spiegato, mette in luce elementi emotivi, comici, e anche sociali (la famiglia piuttosto misera che dorme in una stanza, il padre che non c'è perché è andato a lavorare in Germa-

---

[13] Questo secondo brano è tratto da «Didattica di Riforma», 1966,4.

nia, il disappunto per le cento lire...), e, in quanto tale, interessa ora anche tutti i ragazzi della classe, che hanno contribuito indirettamente alla sua più ricca e precisa formulazione; può interessare poi altri ragazzi, vicini o lontani, e anche adulti. Ma la conquista della oggettività non è solo un fatto quantitativo, una emergenza di particolari (non tutti da accettarsi, comunque, ma da selezionare in base alla loro essenzialità), ma anche e sempre un fatto qualitativo, formale. Succede spesso di fermarci su una parola, di chiederci se ci sembra la migliore, per esprimere quel che l'autore voleva; la ricerca si sposta sui termini da usare, sul loro accostamento, sulla punteggiatura, in modo che il prodotto finale sia valido per tutti. Per quanto riguarda, però il puro racconto di esperienza, la poesia, il testo d'invenzione, la ricerca linguistica s'imbatte in un problema di non facile soluzione. In qualche testo, infatti, il termine di gran lunga più efficace è quello della lingua locale, o del dialetto; lo sforzo di obiettivare il testo fino a renderlo chiaro ai nostri amici di tutta Italia farebbe perdere al discorso la sua freschezza, la sua inimitabile originalità. In questo caso, mi pare, non so italianizzare ad ogni costo, per avere un testo standardizzato e piatto; potremo aggiungere qualche nota, o rispondere alle domande di chiarimento che sempre ci pervengono quando una parola o un giro di frase non sono capiti fino in fondo. Si salva (ed è sacrosanto) il valore «letterario» del testo, specie se lasciandolo così com'è, si è fatta una scelta consapevole.

Ma la ricerca deve tendere anche ad una lingua non locale, priva di certi coloriti intraducibili, ma più ricca di significati logici, di concetti e nessi universalmente validi; deve tendere a un tipo di prosa che possiamo definire «scientifica».

Fin dalla prima classe, dal primo ciclo, è da stimolarsi la osservazione di esseri e fenomeni del meraviglioso universo che sta oltre le pareti anguste dell'aula, e che può essere portato in parte entro l'aula stessa; esseri e fenomeni che possono essere descritti così come ci hanno colpito, così come i fatti si sono svolti. Si tratta di dare a ciascuna cosa il proprio nome, di aderire ai fatti, di scoprire via via certe relazioni tra un fatto e l'altro, tra un essere e altri esseri o elementi dell'ambiente. Si tratta poi di ragionare sempre più non già su certi esseri, nella loro individualità, ma su classi, su insiemi, su relazioni; insomma, si tratta di formare e usare concetti logici.

Tutto questo (è bene sottolinearlo con forza) deve emergere da una serie nutritissima di osservazioni, manipolazioni, scoperte, raccolte, classificazioni... Niente di più deteriore di un linguaggio scientifico che venga dato al ragazzo dalla carta stampata o da lezioni accademiche, verbalistiche. Non meno negativo il linguaggio che deriverebbe da certe spiegazioni dell'insegnante, sia pure appoggiate a un materiale oggettivo. In tutti questi casi, posto che il ragazzo sapesse ripetere certi vocaboli, si avrebbe soltanto l'illusione che egli possieda dei concetti; in realtà, i vocaboli che egli pronuncia sono soltanto *flatus vocis*. Che significherà per lui la scienza, se non un noioso esercizio su parole prive di senso?

Il concetto è il prodotto di un'astrazione, e questa presuppone una ricca esperienza, un insieme di elementi da cui si trae fuori una nota, una proprietà comune. Ammettiamo che i ragazzi di una classe abbiano fatto una raccolta di fiori primaverili di ogni specie, e abbiano anche compiuto molte osservazioni sul modo con cui il loro polline viene propagato. Ecco: ci sono da ordinare i fiori stessi, in classi o insiemi. In base a quali criteri i ragazzi classificheranno i fiori (cioè li distingueranno in classi)? il criterio potrà essere diverso, a seconda del livello raggiunto dai ragazzi, e sarà sempre scientifico, a patto che si sia ben definita la proprietà per la quale certi fiori si riuniscono entro lo stesso insieme. I ragazzi, ad esempio, potranno formare le classi dei fiori «odorosi» e quella dei «non odorosi», la classe dei fiori provvisti di petali o quella dei «senza petali», ecc. Si potranno riunire fiori in base alla struttura, al numero dei petali, alla posizione dell'ovario: si potranno distinguere in fiori «spontanei», «domestici», o raggruppare secondo l'ambiente in cui generalmente, crescono... Concludendo, infinite, tutte rigorosamente scientifiche, possono essere le classificazioni, a patto (per esempio) che si sia ben definito ciò che s'intende per fiore spontaneo, odoroso, inodore, privo di petali, ecc. Ammettiamo che i ragazzi abbiano tra l'altro riunito in un insieme di fiori «pentametri» (aventi cioè 5 petali). Che operazione intellettuale hanno compiuto? Essi hanno individuato e tratto fuori, da tanti elementi diversi per colore, odore, forma e grandezza, una proprietà comune: quella di avere cinque petali. I ragazzi hanno compiuto un'astrazione, e altre ne compiranno ogni qual volta costituiranno una classe o insieme. Ma la astrazione non consiste soltanto nel trar fuori *(abs-trahere)* una nota comune da una molteplicità di elementi materiali. Anche i fenomeni e le relazioni possono essere oggetto di astrazioni; i ragazzi, ad esempio, avranno osservato che tanti fiori, diversi per molti aspetti, hanno in comune la caratteristica di affidare agl'insetti il loro polline; ecco un'interessante relazione tra la vita della pianta e dell'animale che viene scoperta e che dà luogo ad astrazioni e concetti; impollinazione, impollinazione per mezzo degl'insetti (entomofila), e poi impollinazione anemofila, idrofila, malacofila, ecc. Tutta questa esperienza, da cui nascono veracemente i concetti, deve dar luogo a relazioni, piccole monografie, in cui si manifesta ovviamente la maggior ricchezza concettuale, un più alto livello di logicità, una maggiore precisione, obiettività e rigorosità del linguaggio.

Qualcuno può obiettare che il fanciullo, precocemente stimolato all'uso di un linguaggio scientifico, può perdere qualcosa della sua creatività, della sua capacità d'immaginare. A parte il fatto che la creatività non è un dato immediato, come crediamo di aver dimostrato all'inizio di questo articolo, l'esperienza dimostra ampiamente che tanto più i ragazzi compiono esperienze di tipo scientifico, e si abituano a descrivere fenomeni nei loro precisi particolari, tanto più avranno materia e spunti per le loro creazioni fantastiche e saranno capaci di produrre testi letterari ricchi e obiettivi. A questo proposito è possibile offrire una vastissima documentazione. Non son nate dalla osservazione le storie di *Cipì, Bandiera, Baccellino* e *Pap, Nasolungo* e *Orecchiofino, Stellina?* Si tratta, per chi non lo sapesse, dei titoli di racconti brevi e lunghi, creati dalla fantasia dei ragazzi ma sulla base di precise osservazioni scientifiche. La fantasia non nasce dal nulla; una ricchezza di osservazioni, scoperte, acquisizioni costituisce la solida base per una trasposizione drammatica e narrativa, e viceversa. Vi è, tra linguaggio scientifico e linguaggio (diciamo) poetico, un evidente arricchimento reciproco, un costante rapporto dialettico che non occorre mai perder di vista.

«Un giorno Vem stava strusciando insieme due pietre per fabbricarsi un coltello. Struscia struscia, a un certo punto vide una scintilla; disse:

- Compagni, venite, mentre strusciavo queste pietre ho visto di nuovo una scintilla!
- Che cosa dici - disse Ghim - strusciando due pietre si vede una scintilla?
- È vero! - aggiunse Vem.
- È tanto tempo che si sente dire questa favola - riprese Ghim.
- Il vecchio Munoch pensava perfino di poter accendere il fuoco - osservò Rom,
- E il fuoco - disse Ghim - è del Dio del cielo e della terra, non è dell'uomo[14]...»

Questo è un brano di uno dei tanti racconti lunghi, o romanzi, che sono fioriti nella mia classe come in tante altre. Forse, il capostipite di questo tipo di produzione letteraria è da considerarsi *Cipì,* la storia di un passerotto scritta dai ragazzi di Mario Lodi e poi pubblicata nella rielaborazione del maestro; non tanto perche *cipi* sia stato il primo di questi «romanzi», ma in quanto con esso si è messo in evidenza un tipo di composizione che potremmo definire «mista». Il racconto lungo, infatti, ha un innegabile aspetto creativo: i personaggi, gli avvenimenti, tutto è frutto di fantasia. Ma l'invenzione, nei racconti ben riusciti, parte da un preciso fondamento di dati storici e scientifici obiettivamente accertati. Quasi sempre, infatti, l'attività creativa del fanciullo prende le mosse da una osservazione sul costume degli uccelli nei casi di *Cipì* e di *Codacorta,* sulla vita di un neonato, ecc. oppure da una ricerca sulla vita degli egiziani, sugli uomini primitivi, e via dicendo. L'attività (diciamo) primaria è costituita da un'indagine che tende prima di tutto ad accertare una serie di conoscenze circa un qualsiasi campo. È in un secondo tempo che i ragazzi (alcuni fra essi, i più disposti alla creatività) sentono il desiderio di inventare delle storie.

Ora dobbiamo porci la domanda se sia il caso d'incoraggiare questa tendenza, e quale valore educativo possa avere questo genere di attività.

---

[14] Il terzo brano è tratto da «Didattica di Riforma», 1962,2.

Vi è da dire subito che questa trasportazione fantastica di realtà storiche e scientifiche non deve mai sostituire la relazione, cioè la esposizione precisa, sobria, obiettiva, di quel che si è visto, sperimentato e concluso.

La prosa scientifica (si è detto anche nell'ultimo convegno di Milano del MCE su *La didattica della lingua nella scuola dell'obbligo)* dev'essere promossa e incoraggiata, poiché essa stimola e condiziona l'arricchimento del linguaggio, il formarsi di strutture sintattiche più logicamente evolute e una maggiore riflessione sul linguaggio stesso. Accanto alla relazione, al testo di osservazione, al formulario d'inchiesta, e a ogni tipo di comunicazione di tipo scientifico in senso lato, può essere consentita e incoraggiata anche la forma romanzata di cui abbiamo parlato. E cosa nota che l'apprendimento di certi dati storici, o anche la loro interpretazione, diventa più sicura e permanente se questi dati sono rivissuti in qualche modo, in forma drammatica ad esempio, oppure attraverso la trasposizione fantastica. Occorre tener presenti, però, certi punti fermi.

In primo luogo l'esattezza dei dati storici su cui ci si fonda. In verità, spesso sui dati non c'è concordanza tra le varie fonti; in questo caso è utilissimo presentare ai ragazzi tutte le fonti attendibili ch'è possibile reperire, affinché essi intendano come il semplice accertamento dei dati (su cui poi si deve ragionare) esige un'attività di comparazione, di critica; che esiste la possibilità dell'errore, della falsificazione volontaria, e che spesso si deve procedere per approssimazione. Il ragazzo imparerà in questa fase che la ricostruzione di un certo periodo di storico non è mai definitiva, e che può sempre essere modificata o approfondita per l'emergere di nuovi dati.

Quando i dati siano precisi, quando ne venga fuori una sintesi (che i ragazzi stessi debbon compiere, sempre sorretti dalla guida dell'educatore), c'è finalmente posto per il racconto lungo.

Un altro punto da tenere ben fermo è che non si deve mai far confusione tra fantasia e realtà. C'è un bambino che si addormenta, e quando si sveglia si trova sulle rive di un gran fiume. Di lontano si vedono le piramidi. Ed ecco un corteo di sacerdoti che trova questo fanciullo, venuto da chi sa dove, che parla una lingua diversa, e lo interroga... Di qui nasce l'avventura di un ragazzo di oggi tra gli egiziani antichi. Cosa dobbiamo chiedere a questo racconto? Semplicemente che attraverso le vicissitudini del protagonista vengano in luce le caratteristiche della società, del costume e della religione egiziana, in una forma viva e immediata. Il successo del racconto è evidentemente condizionato dalla fedeltà della ricostruzione storica e d'altra parte dalla freschezza e scioltezza dell'invenzione.

E molto facile, come ben si capisce, cadere nella trovata banale e fredda, nell'episodio scontato, nelle soluzioni forzate e pesanti.

Le stesse considerazioni possono farsi per quanto riguarda i racconti sugli uomini primitivi o sulle imprese spaziali. Sbaglierebbe il ragazzo che rappresentasse il «driopiteco» come preominide che abita nelle caverne e padroneggia il fuoco. «Ahur», l'eroe del romanzo scritto da Franco Candelaresi un giovane driopiteco che sente la necessità di abbandonare la foresta ov'è nato, su cui il cibo incomincia a scarseggiare per la morte progressiva degli alberi da frutto e di altre piante. Ahur è il più sveglio del suo gruppo, il più curioso, il primo che si emancipa dalla sorveglianza materna. Sarà lui che trascinerà gli altri ad avventurarsi nella steppa per aggredire gli animali. Siamo in una precisa fase di passaggio della storia umana, su cui abbiamo discusso a lungo coi testi alla mano. La storia di Ahur rispetta sostanzialmente, mi pare, i dati che noi abbiamo ritenuto di accettare. L'autore commette solo l'esagerazione (di cui però è consapevole) di far parlare il suo personaggio con troppi vocaboli, mentre si è incerti sul fatto se i driopitechi potessero andare al di là di qualche grido rozzamente articolato.

Questo è un punto importante: il ragazzo che finge, deve essere consapevole della finzione, come nel gioco. Quando un fanciullo, con la sua immaginazione, trasforma un fuscello in una barca, e s'infiamma a questo gioco, sa bene che il fuscello è il fuscello e la barca è la barca. Così, i ragazzi che fanno parlare il passero, la margherita, e altri animali e piante, sanno bene che questo è pura finzione.

Nel racconto che ha per protagonisti animali e piante c'è però un altro pericolo: quello di attribuire, come disinvoltamente avviene nei testi scolasti, emozioni, sentimenti, ragionamenti tipicamente umani, ad animali, piante e cose. Qui il terreno è scottante, poiché il racconto può introdurre una concezione antiscientifica della realtà. È anche in questo caso ci deve soccorrere una preventiva indagine obiettiva della realtà da rappresentare. Prendiamo la storia di Cipì, il passerotto di Mario Lodi e dei suoi ragazzi. É la storia delle conquiste, delle scoperte, delle difficoltà reali di un uccello, in lotta con gli uomini, col freddo, con la fame; alla base c'è una conoscenza sufficientemente esatta del processo di vita di un passero, così prigioniero dei condizionamenti oggettivi. E vero che nel racconto si va al di là dei semplici eventi essenziali della esistenza degli uccelli. Cipì, ad esempio, fa amicizia e dialoga con Margherì, un fiorellino del prato. Ci sarebbero altri esempi di questo tipo, che denotano l'apporto delle bambine alla creazione del romanzo. Mi pare però che questi siano chiaramente «inventati», che non sussista cioè il pericolo di un travisamento della realtà obiettiva da parte del lettore. Insomma, il realismo di Cipì mi pare fuori discussione.

Come abbiam visto, la via del racconto lungo è irta di pericoli e implica una prassi precisa. Io penso però che essa debba essere nello stesso la testimonianza di una conoscenza valida della realtà storica e scientifica e di un'attitudine creativa, inconsueta e ignota nella prassi didattica tradizionale. Per avventurarsi sulla via delle centinaia di pagine, infatti, occorre grande capacità immaginativa, facilità di espressione e sufficiente correttezza formale, tutte doti altamente apprezzabili.

In ultimo è da dire che la stesura di un racconto lungo impegna oltre ogni dire le facoltà del ragazzo. Sta al maestro porre dei freni al momento giusto, far rilevare incongruenze, incompletezze, incertezze formali, sempre sollecitando dall'autore, e solamente dall'autore, la rettifica. Naturalmente, è accettabile, anche quando la storia non sia opera di un lavoro di gruppo, la collaborazione attiva e critica dei compagni di classe.

Sta al maestro, inoltre, scoraggiare le imitazioni, i progetti di racconto sfuocati, senza base.

IX
Il calcolo vivente[15]

Quando parliamo del calcolo, o, se si vuole, della didattica della matematica, per noi di *Cooperazione Educativa* alcuni punti sono ormai da considerarsi acquisiti. E vero che niente può considerarsi definitivo; qualunque aspetto della nostra pedagogia e della nostra tecnica educativa è per principio suscettibile di approfondimento e perfezionamento. Mi sembra però che alcuni punti fermi possano e debbano essere stabiliti, proprio per consentire a noi di andare innanzi.

E fuori discussione, ad esempio, che nessun settore di apprendimento può considerarsi a sé stante, scisso dalla vita dinamica della comunità scolastica. Come vedremo, la connessione del calcolo con le altre attività comunitarie è *indispensabile* in certe fasi; in momenti diversi, poi, le operazioni matematiche sembrano astrarsi compietamente dagli oggetti e dai problemi viventi per esplicarsi nel campo dei simboli puri. Questo passaggio dal concreto all'astratto costituisce una inderogabile conquista intellettuale; ma non si deve mai perdere, a mio parere, il contatto con la prassi. Le conquiste astratte debbono in ogni istante potersi riapplicare ai problemi della vita concreta, in un continuo circolo della vita concreta, in un continuo circolo in cui i simboli che son nati dalla realtà servono a dominarla e a interpretarla meglio. Il calcolo, dunque, sorge dalle attività di compra e vendita, osservazione e misura, progettazione, ricerca, costruzione, che hanno luogo nella classe. Vi è quindi una motivazione dei fanciulli, la quale s'incontra con quella dell'educatore. Come si deve impostare e risolvere il problema vivente che via via si manifesta?

---

[15] L'articolo, nato da un seminario dell'MCE sui problemi del calcolo, e in modo particolare l'uso dei materiali Cuisenaire-Gattegno e Dienes, è apparso in due puntate su «Cooperazione Educativa» 1961, 6 e 7-8 a firma di Ciari.

Mi sembra che anche qui debba stabilirsi un punto fermo: il maestro si deve guardar bene dall'impostare lui la soluzione, o dal tentare di provocare un ragionamento da parte dei fanciulli agendo lui stesso su certi materiali, manipolando e operando. Ammettiamo che la cooperativa di classe abbia acquistato 5 tubetti di colori, a lire 60 ciascuno. Vediamo quanto si è speso. Evidentemente, i ragazzi sono interessati a risolvere il problema: c'è una motivazione. Il maestro può essere però tentato di mettere accanto ad ogni tubetto il denaro corrispondente al prezzo, oppure un foglietto con la cifra 60, o un altro simbolo concreto (un numero in colore, poniamo) che sostituisca il denaro. Egli può essere tentato inoltre di «far vedere» come per risolvere il problema occorre ripetere il 60 per 5 volte. Peggio ancora, il maestro può esser tentato di spiegare come questa operazione del «ripetere lo stesso numero diverse volte» si esprime col simbolo.

Così facendo, il maestro, pur prendendo le mosse da un valido fondamento psicologico, impedisce che i fanciulli compiano una vera conquista dei simboli matematici, dato che questi non sono altro che «azioni interiorizzate ed espresse con determinati segni». Afferma infatti il Piaget «Perché il bambino giunga a combinare delle operazioni, siano esse numeriche o spaziali, è necessario che abbia manipolato, è necessario che abbia agito, sperimentato non solo su disegni ma su un materiale reale, su oggetti fisici...».

Merito precipuo della esperienza delle tecniche Freinet e del MCE è l'aver affermato vigorosamente la connessione del calcolo con le altre attività comunitarie, e l'imprescindibile necessità della motivazione. Ma questa non è sufficiente. Il calcolo dev'essere vivente non solo perché sgorga dalla vita, ma perché il fanciullo *vive* anche la soluzione dei problemi, in un totale impegno dei sensi, dei muscoli e delle facoltà logiche, il simbolo stesso dev'essere scoperto dal fanciullo, se non nella sua forma (data dalla tradizione) almeno da un punto di vista concettuale. A un certo punto si nota che è troppo lungo fare ad esempio 5+5+5+5+5+5+5+5+5; dato che si tratta di addizionare, o *«ripetere 9 volte»* lo stesso numero, verrà certamente il momento in cui i fanciulli, uno dopo l'altro, sentiranno che si deve trovare un altro segno che esprime questa ripetizione. Si scoprirà la moltiplicazione; non fa niente a questo punto se il maestro propone, come simbolo della nuova operazione, quello ormai tradizionalmente definito il X.

La matematica, la più astratta di tutte le scienze, ha molte implicazioni con tutte le nostre attività, come abbiamo già visto nelle nostre precedenti discussioni. Bisognerà dire qualcosa, sia pure brevemente, sulla formazione del concetto di numero e dei simboli matematici nel fanciullo. Il ragazzo non arriverà mai ad un concetto di numero effettivamente logico, razionale, se non passerà prima attraverso l'operazione sensorio-motoria, cioè se non opererà prima nello spazio con le mani, prendendo quantità, mettendole insieme, confrontandole, vedendo quante volte l'una sta nell'altra, e così via. Tutto questo si deve fare e per lungo tempo, anche se il ragazzo sembra che abbia capito e che possa fare le operazioni agevolmente. Alcuni maestri, osservando i bambini della prima classe fare operazioni piuttosto complesse, si illudono che essi sappiano calcolare, ma poi i ragazzi arrivano di fronte alla necessità di ragionare matematicamente, sbagliano i problemi, non sanno ragionare. Ciò significa che quelle acquisizioni erano fasulle, erano solamente un meccanismo, un riflesso. Bisogna invece operare molto con le mani prima di arrivare ad operare coi simboli, perché i simboli non sono altro - dice il Piaget - che l'interiorizzazione di operazioni reali, obiettive. Sono semplicemente quelle stesse operazioni le quali invece che all'esterno, nel mondo concreto, si effettuano per mezzo delle funzioni logiche, cioè nel cervello, dentro di noi. Se non è operato al di fuori, questa interiorizzazione sarà impossibile. Solamente quando si sarà avverata bene questa interiorizzazione il ragazzo sarà padrone del concetto dei numeri e delle operazioni, le comprenderà effettivamente secondo certi criteri. Uno di essi è quello della reversibilità. Secondo l'affermazione del Piaget, quando il ragazzo *sa* moltiplicare la base per l'altezza per calcolare l'area, deve sapere fare immediatamente anche le operazioni diverse; deve, cioè, saper tornare indietro. Le operazioni dirette e inverse non possono non essere contemporanee. Se non c'è questa immediata reversibilità, vuol dire che il fanciullo ha imparato solo la formula, la quale è facilmente mandata a memoria. Marco (16 mesi) si diverte sempre a fare gli incastri (perché gli è stato procurato del materiale piuttosto razionale, dei cubi che si infilano l'uno dentro all'altro): ebbene, tutta la sua preoccupazione è questa: infila e leva. Nel suo apprendimento insomma c'è sempre la preoccupazione dominante di fare una cosa e di fare anche l'inverso. Questa è una delle leggi dell'apprendimento matematico e dell'apprendimento in generale: la legge della reversibilità ci dà consapevolezza della effettiva acquisizione che i ragazzi hanno compiuto.

Nelle nostre classi, attraverso la ricerca (che si inizia anche in prima classe a livello minimo), il conteggio dei fogli della tipografia, divisione di essi magari in decine per contarli più alla svelta, calcolo del costo del giornalino, c'è tutta una serie di calcoli, in cui entrano la pagina, il tubetto di colore, il pennello, la quota delle dieci lire settimanali, la colonnina del mercurio che sale o scende, tutte realtà concrete e viventi.

Il calcolo viene da motivazioni reali non si conta per contare, ma si conta, ad esempio, perché dobbiamo stampare 20 fogli per noi, 20 fogli per i corrispondenti, 15 fogli per il giornalino; sono 55 fogli al giorno e quindi tutti i giorni si arriva fino a 55; però ad un certo punto, dato che contarli ad uno a uno diventa cosa noiosa, si decide di dividerli in mucchietti da dieci. Tutti i ragazzi con i fogli fanno le decine: dieci, venti, trenta, quaranta e cinquanta e cinque unità; in prima, già in ottobre il 55 significava 5 decine e 5 unità, non concetti astratti; le decine sono lì davanti agli occhi, fatte e disfatte. Se è necessario levare 7 fogli, se ne levano 5, ma gli altri 2 si levano disfacendo una decina, quindi rimangono 4 decine e 8 unità. L'operazione è motivata ed è un'operazione reale, concreta in cui i sensi si mettono in movimento assieme all'intelletto. Si può adoperare come strumento supplementare il materiale Gattegno-Cuisenaire, elaborato partendo dalle teorie del Piaget. Con questo materiale la reversibilità è immediata; se io moltiplico il due per cinque, prendo il due (legnetto rosso) e lo ripeto cinque volte, formando una fila che equivale all'arancione (10). Nello stesso tempo vedo che il due sta cinque volte nel dieci, ma vedo anche che due per cinque fa dieci: nel medesimo tempo acquisisco il concetto di divisione e quello di moltiplicazione. Così il sistema metrico decimale perde la sua rigidezza ed è possibile, fare le frazioni e le espressioni in prima. Se il bambino deve sommare: 3+2+2+2+1 prende il bastoncino del tre, poi mette tre volte il due, poi mette l'uno [3+(2X3)+l] = 10.

Renata D. interviene: Col materiale Dienes, che sposta il concetto di decina, il ragazzo non fa confusione?

Bruno Ciari riprende: E bene che si dissolva il mito di un sistema rigido. Il materiale Dienes è ancora in via di sperimentazione. In esso gli aggruppamenti dei numeri non sono più fatti secondo il nostro sistema ufficiale, per cui i numeri si aggruppano per decine e potenze di dieci: uno, dieci, cento, mille, ecc. Noi sappiamo dalla storia che vi sono stati tanti sistemi di aggruppamento, ad esempio noi in una ricerca abbiamo visto fra l'altro che i Maya raggruppavano per potenze di 20. Nella prima casella c'erano le unità, nella seconda le ventine, nella terza il quattrocento e nella quarta l'ottomila; e i ragazzi hanno fatto subito i calcoli secondo questo sistema. Non è bene che restiamo legati al sistema metrico decimale, anche perché nella matematica moderna questo non viene sempre applicato: nei calcolatori elettronici, ad esempio, si adopera il sistema binario (o duale).

Il Dienes ha appunto elaborato un materiale, usando il quale i ragazzi imparano a contare con i sistemi aventi base tre, base quattro, base cinque, ecc. L'unità è un legnetto, poi c'è un «lungo» di cinque unità; cinque «lunghi» formano un «piatto»; cinque «piatti» formano un «blocco».

Il dieci è solo una delle basi con cui si calcola. In questa maniera si distrugge radicalmente il feticcio del sistema metrico decimale.

A questa distruzione del mito ricorre, del resto, la storia, per cui vediamo che ci sono state misure per raggruppamento e simboli completamente diversi, e concorre pure lo studio sulle misure locali ancora in pratica nelle nostre campagne e la conoscenza dei sistemi di misura in atto nelle varie nazioni del mondo.

Le misure sono creazioni degli uomini delle comunità umane in rapporto alle loro necessità. Sappiamo, ad esempio, che la geometria nacque in Egitto, prima di tutto in rapporto alla struttura geografica di questa regione e poi perché con la formazione e l'unificazione dello Stato unitario egiziano si addivenne ad una suddivisione minuziosa del territorio in piccoli appezzamenti e si formò il catasto, perché le piene del Nilo molto spesso cancellavano i confini. Così, dalle necessità pratiche nacque il bisogno di studiare il moto stellare, per trovare cioè le misure di tempo in rapporto alle attività agricole. Una classe che ha esigenze di misurazione e una comunità la quale si crea i suoi strumenti e le sue unità di misura, e ciò è legittimo, consigliabile, necessario. Decroly sostiene che è addirittura necessario creare deliberatamente misure di lunghezza inventate in classe, per dare la sensazione che le facciamo noi, che sono commisurate al nostro bisogno e che l'uomo è artefice delle misure come di tutto il resto. Questo è importantissimo, perché ci abituiamo a trovarci davanti alle cose bell'è fatte e ad accettare un sistema rigido.

Con le misure, si trovano pronti nel mondo i concetti morali, le strutture dello Stato, le abitudini consolidate («s'è sempre fatto così»; tutta un'architettura medievale, dice il Dewey, una concezione del mondo in cui il cielo, la terra, gli astri, seguono un moto immutabile, e anche tutti gli esseri viventi nascono, compiono il loro ciclo e muoiono sempre nella stessa maniera, senza evoluzione, senza mutazione, senza progresso; un modo rigido, in cui l'uomo si trova stretto fra queste forme prestabilite *ab aeterno*.

Se si vuole invece dare una concezione democratica, una connessione indiretta e lata esiste: l'uomo può modificare, migliorare, progredire, essere artefice della misura come di tutto il resto, delle strutture statali e anche dei concetti morali. Quindi è bene che ci formiamo in classe (all'inizio) le nostre unità di misura, che per noi valgono come le altre, ma che hanno solo il difetto di non farci intendere con gli altri; esse cioè rimangono valide solo in un determinato ambito, come rimangono valide le once per gli americani o, per chi ancora le adopera, le misure locali.

Due comunità che hanno due sistemi di misura diversi subito non si intendono, ma poi si cercherà di stabilire una relazione fra le due misure.

Giuseppe Tamagnini interviene: il bambino deve crearsi delle misure e delle convenzioni proprie, ma deve anche essere in grado di capire le altre in modo da potersi inserire nella comunità secondo le convenzioni che la comunità ha accettato. Se partiamo dalla distruzione di un mito, alla conquista del sistema metrico decimale devono arrivarci attraverso le conquiste proprie, facendosene un'esperienza personale e considerandolo come uno dei tanti sistemi, quello che si è deliberato di accettare.

Ida Sacchetti interviene: La cosa principale è quella di dimostrare che non c'è un solo modo di vedere, ma che possono essercene tanti. Ciò può servire ad allargare l'orizzonte e ad arrivare a capire meglio gli altri anche nelle cose che non sono inerenti alla misura, cioè capire i costumi senza preconcetti, capirli e saperli inquadrare nel loro mondo senza avere la presunzione di essere depositari della realtà.

Bruno Ciari riprende: Rimangono ancora molte altre cose da dire, specialmente per quanto riguarda i calcoli che interessano la meteorologia: calcolo di medie, interpolazioni, percentuali, calcolo delle probabilità.

Qualcuno può pensare che la matematica si studia per fare bene i conti, per poter comperare e vendere nella vita senza essere imbrogliati, cioè per una finalità meramente utilitaristica. Noi la pensiamo molto diversamente: Serve anche a questo, ma come finalità secondaria. È probabile che fra non molto avremo nell'orologio anche una piccola calcolatrice che ci permetterà di risolvere ogni problema senza sforzo. La finalità è di sviluppare le facoltà logiche, è la capacità di raggruppare, di operare intellettualmente, di confrontare, di analizzare: analisi e sintesi, capacità di pensare logicamente che poi si trasferisce dal campo matematico a tutti i campi. La consapevolezza che esistono sistemi diversi di misure funzionali e valide per popoli diversi fa accettare di conseguenza il concetto che ogni popolo può darsi sistemi economico-socali e politici diversi. Questo concettò di coesistenza ha anche un carattere etico; quindi è un problema educativo.

Ancora sull'aria, Bruno Ciari presenta alcune esperienze:

- un bicchiere colmo d'acqua, con sopra un cartoncino, è capovolto: la pressione dell'aria sul cartoncino impedisce all'acqua di cadere;

-un tubo di plastica con acqua chiuso col dito in alto non la lascia cadere: la pressione dell'aria impedisce all'acqua di fuoriuscire;

- una ventosa su una superficie rimane attaccata perché premuta dalla pressione dell'aria. La stessa, posta su una latta comunque disposta, non si stacca; se sulla superficie c'è un foro la ventosa non si stacca;

- una bottiglia con acqua bollente collegata con un tubo di plastica a un bicchiere contenente acqua colorata; col condensarsi del vapore l'acqua colorata sale dal bicchiere ed entra nella bottiglia;

- costruzione dell'indicatore di pressione: un vaso con membrana a perfetta tenuta.

Messa in funzione dalla stazione meteorologica completa dei suoi strumenti: cannocchiale, anemometro, banderuola, indicatore di pressione, ecc. Tabelle di rilevazione.

Trattati i problemi di larga impostazione, ora dovremo entrare nei dettagli, cioè vedere quali sono le implicazioni particolari della matematica nella ricerca meteorologica. Non potremmo soffermarci infatti su ogni tipo di ricerca, perché ciò comporterebbe un dispendio di tempo, dato che qualsiasi ricerca implica le più molteplici e svariate applicazioni matematiche.

Fin dalla prima classe ad esempio la semplice crescita di una piantina comporta l'acquisizione di cognizioni sulla misurazione abbastanza complesse, e nel prorompere degli interessi questi calcoli vanno assumendo una maggiore compiutezza e complessità (ad esempio: i dati di superficie e di volume per la costruzione di un acquario).

Vedremo quindi in particolar modo i calcoli matematici che maggiormente possono scaturire alla meteorologia. Questa materia comporta, per lo meno, la consapevole acquisizione di una serie di misure. La misura della temperatura (che, anche se parte da sensazioni soggettive di caldo e di freddo, è una misura fin da principio, perché il fanciullo arriva presto alla conoscenza del termometro e del suo funzionamento), la misura della umidità dell'aria, della pressione dell'atmosfera, della velocità del vento. Queste sono le misurazioni più importanti che quotidianamente entrano nella prassi normale di una classe e che comportano l'esigenza di calcolare delle medie (riferendoci a intervalli di tempo più o meno lunghi), e di effettuare delle interpolazioni (ricercare cioè un «dato» intermedio fra due conosciuti). A questo punto si comprende quale importanza vengono ad assumere i diagrammi, cioè le curve della temperatura, della pressione, della umidità, ecc.; essi costituiscono un mezzo di rappresentazione grafico-visiva adoperato dalla scienza del termometro e del suo funzionamento), la misura raffronto istantaneo e documentato fra i dati raccolti sui fenomeni, e rappresentano una solida piattaforma scientifica per le ulteriori esigenze scolastiche. Fra l'altro, non solo la realtà meteorologica può essere documentata da diagrammi, ma si possono raccogliere in essi tutte quelle osservazioni che offrono la possibilità di una rappresentazione quantitativa. Anche il rendimento dei ragazzi può essere espresso in forma grafica documentando così, visivamente e graficamente, lo status scolastico del singolo e dei gruppi. Assieme ai diagrammi assumono grande importanza anche le tabelle analitiche in cui vengono raccolti e ordinati i dati che a mano a mano si raccolgono in relazione ad una particolare ricerca (ad esempio: registrando quel complesso di indicazioni che si possono ottenere osservando il comportamento delle cose inanimate e degli esseri viventi in rapporto al bel tempo o al brutto tempo), tabelle che possono venire applicate a svariati campi di ricerca a che costituiscono un *habitus* all'ordine e alla precisione.

Attraverso la meteorologia possiamo persino arrivare al calcolo delle percentuali e persino a quello delle probabilità. Però nessuno può pretendere o pensare di ottenere questi risultati trasformando la scuola istantaneamente, con un colpo di bacchetta magica; certe conquiste si ottengono a costo di sacrifici, di applicazione e di esperimenti, attraverso delusioni conferme e conquiste personali, facendo tesoro dell'esperienza già raccolta dai colleghi che da anni lavorano con più o meno fortuna, ma con buona volontà, nell'ambito del Movimento.

Attività pratiche di gruppi: costruzione del terrario e di due acquari. Bruno Ciari parla delle coltivazioni e degli allevamenti che si possono tenere nel terrario, e fa osservare com'è possibile seguire nel terrario di vetro lo sviluppo dei vegetali e la vita degli animali e degli insetti. Illustra poi come nell'acquario si può far vivere un angolo della natura assolutamente non artificioso in cui tutti i fenomeni della vita sono presenti: le piante danno ai pesci l'ossigeno, i pesci danno alle piante gli escrementi ricchi di sali minerali, le lumache acquatiche e i pesci spazzini puliscono l'acqua.

A sera, osservazione al cannocchiale dei crateri della luna. Osservazione delle costellazioni.

Bruno Ciari spiega come si realizza l'allevamento in acquaterrario e descrive come è stato realizzato nella sua classe l'allevamento delle rane.

Come si fa un allevamento di criceti.

Cattura e allevamento di formiche in apposito terrario.

Ida Sacchetti racconta come è stato possibile nella sua classe l'allevamento delle lumache e quali interessanti risultati sono stati conseguiti.

Pomeriggio: esplorazione in campagna e raccolta di materiale. A sera, si taglia la bistecca con schegge di selce più affilate del coltello.

Giuseppe Tamagnini espone le sue impressioni sui rapporti umani che si sono venuti creando fra tutti i componenti del gruppo durante i dieci giorni di lavoro e la sua soddisfazione. Bruno Ciari parla della documentazione, indispensabile per i ragazzi e per il maestro, e suggerisce il criterio col quale può essere impostato lo schedario. Sottolinea che, se è necessario che il ragazzo si avvicini ai documenti nei quali è accumulata la cultura, ravvicinamento deve essere fatto con abito critico.

Ciari, Ida Sacchetti, Alberto Federighi suggeriscono infine una bibliografia essenziale, per i ragazzi e per il maestro, che riguarda i seguenti argomenti: l'ottica, la meteorologia, la biologia e la chimica.

Il corso si conclude con una gita alla pinta del Monte S. Vicino.

X

Il fanciullo e la storia[16]

Credo incontestabile un principio: che la conoscenza storica, cioè, debba costituire accanto a una visione scientifica del mondo uno dei cardini della formazione umana dei nostri ragazzi, entro l'ambito della scuola obbligatoria, e anche oltre. Non si può intendere il presente, non se ne possono individuare le essenziali caratteristiche e le forze motrici, se ogni aspetto del mondo in cui viviamo non è visto nelle sue radici storiche, nel suo nascere, nel suo svilupparsi e costituirsi. Possiamo essere compresi, e assimilati (ad esempio), i valori della democrazia di oggi (pure nei loro limiti), senza una precisa consapevolezza del processo per cui sono stati conquistati, e senza una individuazione delle forze storiche cui si deve tale conquista?

Far acquisire una dimensione storica del mondo, accanto a una dimensione scientifica: ecco la finalità fondamentale della scuola moderna. Del resto (a mio parere), la distinzione tra queste due dimensioni riguarda soltanto l'oggetto» dell'apprendimento: da una parte il mondo dei fenomeni fisici e biologici, dall'altra il mondo dei «fatti umani», che peraltro si svolge integrandosi nell'ambiente e modificandolo (modificandosi) di continuo. Sia per quanto riguarda la conoscenza propriamente scientifica, sia per quella storica, si tratta sempre di cogliere determinate connessioni e certi rapporti d'interazione tra i fatti. Stabilito dunque saldamente un principio, resta per me la cosa più difficile: come tradurlo con concreta prassi pedagogico-didattica. Come, cioè, promuovere una conoscenza storica che non sia noiosa collezione di fatti, stivati nella mente senza un nesso logico o un principio di organizzazione? Quali

[16] Raccogliamo sotto questo titolo un articolo di Ciari in «Didattica della Riforma», 1962,2 e le due relazioni al Convegno di Torino dell'MCE sulla didattica della storia (Torino 1967) pubblicate in «Cooperazione Educativa», 1967,3-4.

risultati ci attendiamo dallo studio della storia?

Io penso che ci dobbiamo attendere un'attitudine, una capacità metodologica, un criterio di interpretazione dei fatti, una implicita conoscenza di certi dati.

Cominciamo dall'attitudine. Possiamo accontentarci dei risultati che un ragazzo può raggiungere in quanto è condizionato dall'ambiente scolastico coi suoi stimoli e dalla presenza dell'insegnante? Se il processo scolastico si esaurisce nella scuola, se non lascia traccia nelle strutture della personalità, questa è la più chiara testimonianza della sterilità di questo processo. Il primo risultato cui bisogna tendere, quindi, è un'attitudine del ragazzo a continuare nel processo di studio personale, «indipendentemente dagli specifici stimoli scolastici». Un'attitudine a conoscere la realtà nella sua dimensione storica, ci assicura che il ragazzo andrà innanzi (anche se lascia la scuola, specie se lascia la scuola); nel caso contrario, non c'è da illudersi che lo scolaro, bravo che sia, conservi una briciola di quel che ha imparato.

Naturalmente, l'attitudine dev'essere accompagnata da una capacità metodologica. Se esiste un problema storico nella mente del giovane, come orientarsi, come studiare, come valutare criticamente i fatti? L'opera più efficace del maestro è quella di mettere il ragazzo in condizioni di «fare senza il maestro», considerando questo un punto d'arrivo e non di partenza.

Veniamo al criterio d'interpretazione dei fatti. Ovviamente la prima conoscenza storica del fanciullo (quella del primo ciclo, per intenderci) riguarda essenzialmente la formazione del concetto di successione del tempo e del concetto di progresso. Il fanciullo apprende che una volta l'uomo non aveva casa, né fuoco, né strumenti... e può percorrere alcune tappe dello sviluppo della civiltà.

All'inizio del secondo ciclo (circa al nono anno di età), questa conoscenza di determinate tappe o fasi di sviluppo si può particolareggiare, ma non siamo ancora giunti al principio della vera e propria conoscenza storica. Questa inizia soltanto quando ci si chiede il «perché» di un fatto storico; quando si cerca d'individuare le ragioni di una conquista umana.

Un certo modo di considerare i fatti storici non può non

portare a un criterio o canone d'interpretazione dei fatti stessi. Fino a qual punto è possibile entro i primi due cicli della scuola primaria la formazione di questo criterio? Fino a qual punto è possibile nel ciclo seguente, cioè nella «media unica»? Come promuovere la formazione di questo criterio interpretativo?

Sono tutti problemi, questi, che esigono una più profonda, specifica trattazione. Resta da dire ora (ma è cosa ovvia), che lo studio dei fatti non si concepisce solo in funzione della formazione di attitudini, capacità, criteri interpretativi ma implica e sottintende la acquisizione organica di dati culturali. Quali dati (il mondo della storia è vastissimo) si considerano essenziali e padroneggiabili ai vari livelli dell'età evolutiva? Questo è un altro grosso problema, che condiziona una riforma veramente efficace del *curriculum* educativo della nuova scuola obbligatoria che vogliamo creare.

I Relazione al Convegno MCE

Non si è parlato abbastanza in questo convegno, sia nelle relazioni, sia nei contributi fino ad ora comunicati, della motivazione, o, per meglio dire, del contesto pedagogico organico in cui si colloca la ricerca storica. Come mi sembra dimostrino abbastanza chiaramente le relazioni scritte presentate da Mario Lodi e dal gruppo torinese, la prima organizzazione storica dell'esperienza, vale a dire una prima provvisoria sistemazione dei dati dell'esperienza in uno schema temporale, e la scoperta delle prime relazioni fra questi dati, avvengono nel quadro più vasto del rapporto globale con l'ambiente, che secondo la pedagogia del Movimento di Cooperazione Educativa deve caratterizzare la vita di scuola specialmente nel primo ciclo. Si è detto che il bambino, venendo a scuola, porta tutto se stesso attraverso il testo libero e le altre attività espressive, e, portando se stesso, reca anche numerosi elementi del proprio ambiente. Ma non basta conoscere l'ambiente attraverso gli ambienti impliciti nella espressione infantile; occorre andar fuori, imparare a vedere, per porre le basi di una conoscenza critica, che significa prima di tutto staccarsi dall'ambiente, porsi di fronte ad esso (o veder l'ambiente come «oggetto»), cercare di darsi una prima rappresentazione visiva, grafica, degli elementi ambientali (cfr. la relazione di Lodi).

Nel quadro non metaforico che noi ci facciamo della realtà esterna (quadro ch'è affisso alla parete, e che si arricchisce di continuo, cui deve ovviamente corrispondere un quadro «mentale», vi è una dimensione spaziale, attuale. Ma ben presto non può non uscire la dimensione storica. La storia è sotto i nostri occhi, è la realtà del mondo fisico, naturale e sociale, del mondo umano che muta, delle cose che nascono e si sviluppano, di quelle che decadono e scompaiono, che c'erano ieri e oggi non ci son più. Sono specialmente le storie degli uomini che debbono attrarre i ragazzi. Ma a questo punto vien fuori un problema: gli uomini ci parlano di eventi piuttosto complessi: la guerra, le loro lotte, la Resistenza, ecc. Vi è un continuo riferimento della storia individuate ad eventi che riguardano i popoli, gli stati, le classi, a concetti come quello di «libertà», «costituzione», «sfruttamento», e così via. Come affrontare questa complessa realtà? Anzi, dobbiamo chiederci se il fanciullo può e deve affrontare. Il professor Quazza ha affermato molto bene che la storia *de singularibus* dev'esser collegata a realtà più vaste, a «modelli di sviluppo», a un insieme di fattori che (prendiamo ad esempio il Risorgimento) sono di natura economica, culturale e religiosa, politica e diplomatica, educativa, e così via. Comprendere il Risorgimento vuol dire padroneggiare le relazioni che intercorrono fra tutti questi fattori, e le relazioni intercorrenti tra l'opera degl'individui e i fattori diciamo «collettivi». Ora, dato che il ragazzo non può certo padroneggiare tutti gli elementi che interagiscono in un quadro storico complesso come quello citato, come ci dobbiamo comportare? Incoraggiare nel fanciullo lo studio degli eventi attuali, oppure stimolarlo a proiettarsi nel passato?

Sarebbe presuntuoso pensare di offrire una risposta esauriente e conclusiva. Si possono soltanto prospettare alcune ragionevoli ipotesi di lavoro, che io schematizzo nei seguenti punti:

1) Per quel che abbiamo detto innanzi, non si può prescindere in nessun caso dal partire dall'ambiente. Per quale ragione, del resto, nascerebbe la ricerca storica, se non per com-

prendere meglio e giustamente la realtà di oggi? Il partire dal presente, però, ci pone di fronte eventi di estrema complessità. Non sarà difficile al bambino collocare certi dati della sua esperienza in un primo schema di successione temporale (uno schema dinamico suscettibile di una continua ristrutturazione); ma, allorché dalla storia delle persone verranno fuori eventi come «la guerra mondiale», «lo sciopero», «il licenziamento del nonno», e così via, come affrontare questi contenuti? Si tratta, a mio parere, di estrarre da essi solo alcuni significati, di stabilire solo certe relazioni. Ad esempio, il ragazzo intenderà in generale che la storia di un particolare individuo è profondamente legata al comportamento di certi fattori «collettivi»: lo Stato (la cui azione può non coincidere con la volontà dell'individuo o di altri gruppi), la classe operaia (intesa come l'insieme degli operai, posto che sia definito che cos'è un operaio), altri gruppi; il ragazzo potrà anche sentire come la sorte degli individui è connessa a fattori come «la situazione economica», «la crisi», «la congiuntura». Guai se tentassimo di spiegare queste cose; basta la convinzione che esistono processi che si svolgono non «fatalmente», non del tutto indipendentemente dalla volontà degli uomini, ma secondo «modelli di sviluppo» sui quali la volontà dell'individuo singolo può incidere ben poco. Quindi, concludendo su questo punto, cogliere del presente e degli eventi più complessi quel che è possibile adesso, rinviando gli approfondimenti al futuro.

2) A me sembra che giovi proiettarsi nel presente (e non per una astratta decisione ma per un preciso motivo), in quanto molti aspetti di esso ci pervengono spogliati da tutta una molteplicità di elementi marginali, turbativi. Il passato ci offre modelli di sviluppo semplificati, sia intesi come linee di sviluppo verticali, sia come «spaccati» di una certa società. Prendiamo la preistoria: in essa, i rapporti uomo-natura (lo sforzo dell'uomo teso a modificare l'ambiente e ad impadronirsi delle forze che ha potuto scoprire intorno a sé) e anche certi rapporti uomo- uomo (la società umana all'epoca dell'economia di caccia, o al nascere dell'agricoltura) possono essere colti nei loro elementi semplici. Anche certi fenomeni o rapporti (la guerra, la schiavitù, la formazione di classi o caste) e il nascere e lo

svilupparsi del linguaggio, della conoscenza matematica e astronomica, della religione, possono essere colti e ricostruiti facilmente. Anche uno spaccato di qualche società antica, o il modello tipico della società feudale o comunale, per mia esperienza, possono essere abbastanza ben compresi dai ragazzi. Intendiamoci: non pretendo di concludere. Chiedo soltanto che queste esperienze di studio del passato, che hanno dato buoni risultati, siano considerate, nel quadro della nostra problematica di oggi.

3) Mi chiedo (e sempre mi sono chiesto) se sia giusto proporsi di coprire con l'indagine l'intero campo della storia passata. Ho sempre risposto a me stesso che questa sarebbe pretesa illusoria e assurda. Quel che importa è far bene, sia dal punto di vista dell'acquisizione di concetti, sia dal punto di vista metodologico; e far bene significa intrattenersi su un certo periodo tutto il tempo necessario a comprenderne gli aspetti caratteristici ed essenziali, a inquadrarlo mentalmente, a ricostruirlo. Ad esempio, nell'ultimo quinquennio di attività scolastica, avendo scavato molto nella Preistoria e nel Medioevo feudale e comunale (facendo perno sulla storia del paese e della zona, ma cercando di vedere alla luce di questa anche gli aspetti importanti della storia generale, e direi soprattutto questi), non siamo potuti andare più in là del Medioevo comunale, almeno come approfondimento. A noi interessa molto il nascere della Repubblica fiorentina in rapporto al formarsi di una nuova classe, il suo inevitabile urto coi feudatari delle campagne, la sconfitta di quest'ultimi o il compromesso. E la storia più recente? I ragazzi si sono arrangiati da sé; chi ha voluto leggere ha letto il sussidiario o qualcos'altro. Ma il risultato importante è stato il modo di concepire la storia, e l'atteggiamento metodologico che si è consolidato nei ragazzi e si è conservato anche dopo, a scuola media.

4) Se non dobbiamo far tutto (e perché dovremmo, dato che il programma di storia può diluirsi in otto anni, per tutta la durata della scuola dell'obbligo?), si tratterà di compiere delle scelte, cioè di stimolare e guidare i ragazzi a quegli studi che consentiranno certe conquiste concettuali. Quali conquiste, quali concetti? Non credo si possa o si debba fare una elenca-

zione. E chi potrebbe farla? Forse nessuno, forse tutti; giacché il contenuto storico da acquisire si rapporta alla concezione dell'uomo e della cultura che ciascuno di noi ha.

Mi permetto una citazione dalle *Nuove tecniche didattiche-*. «Noi vogliamo che il ragazzo comprenda la civiltà in cui vive, che egli veda i fenomeni nei loro rapporti d'interazione, nel loro nascere svilupparsi e perire, sia che si tratti di fatti cosiddetti "naturali", sia che si tratti di eventi storici. In rapporto a questi ultimi, si tratta di capire, cioè di rivivere le vicende trascorse per interpretare la realtà di oggi nella sua vera essenza.

Il nuovo membro del gruppo sociale deve comprendere com'è che l'uomo, partendo dal livello di vita animale, si è elevato all'altezza intellettuale di Socrate, Dante, Einstein, Gramsci, tanto per fare qualche nome. Com'è ch'è diventato signore della terra, del mare e degli spazi celesti? Come siam giunti alla vita democratica, ai rapporti etico-sociali oggi esistenti?».

Non credo di aver molto da cambiare, per quanto riguarda le finalità dello studio della storia, da quanto dissi nel 1959-60.

I concetti fondamentali o unificatori, cui dobbiamo condurre i ragazzi, son quelli che caratterizzano l'uomo e la civiltà.

Stabilire quali siano questi concetti non è un compito specialistico, neanche dello storico, che elabora d'altra parte gli strumenti metodologici.

È compito dell'uomo di cultura che interpreta se stesso e la civiltà del nostro tempo; è compito anche dello storico, s'intende, ma non in quanto «specialista» della materia, ma in quanto uomo di cultura, «filosofo», «uomo» *tout court*.

II Relazione Convegno MCE

La commissione[17] è stata unanime nel sottolineare l'importanza di partire, nella ricerca, sempre e comunque dal presente cioè da una conoscenza e da una rappresentazione dell'ambiente nei suoi aspetti naturali, economici, sociali e

[17] È la relazione della seconda commissione del convegno di Torino di cui Ciari fu il coordinatore.

umani, così com'è indicato dagli schemi presentati da Mario Lodi e dal gruppo torinese. Il professor De Bartolomeis, anzi, ha affermato con forza che «bisogno fondamentale del fanciullo è comprendere la realtà di oggi, per situarsi e agire in essa; il fanciullo s'interessa del presente e anche del futuro più che del passato. Dobbiamo stare attenti, nello sforzo di proiettare il fanciullo all'indietro, di non sacrificare gli aspetti della vita contemporanea, così pieni di stimoli e di suggestioni».

La discussione su questo punto è stata vivace. Si è convenuto infine che la ricerca storica non può essere motivata che dal bisogno di comprendere pienamente gli elementi tipici della civiltà di oggi. L'indagine sul passato dovrà prendere quindi sempre le mosse da un preciso problema, e quindi prendere in esame del passato solo quegli aspetti capaci di chiarire il problema di partenza. Prendiamo ad esempio il valore della «democrazia», così come si realizza nella società odierna e prima di tutto nel comune. Esso come ha messo in luce il professor Quazza, non si può comprendere se non si intende come effettiva «distribuzione dei valori» (cioè come distribuzione o estensione al massimo numero possibile di persone delle condizioni economiche, giuridiche, sociali e intellettuali, per una partecipazione alla formazione delle leggi e alla direzione di ogni istanza della vita pubblica). Si tratta di partire prima di tutto dal tirocinio di vita democratica che si deve svolgere entro la comunità scolastica, per cui i ragazzi concorrono alla organizzazione del lavoro, alla progettazione, alla distribuzione delle responsabilità, alla formazione delle norme e alle funzioni direttive.

Si tratta poi di farsi un'idea del modello di vita democratica offerto dal comune di oggi, modello che può essere confrontato con quello di ieri (il comune sotto il fascismo: c'erano elezioni? Chi prendeva le decisioni? Chi faceva le leggi? Chi nominava il capo del comune?), o con altri modelli (ad esempio quello del comune fiorentino al suo nascere e al suo primo affermarsi). E non è detto che questa «comparazione» di modelli debba essere statica; una ricerca sulla nascita del comune implica, ad esempio, anche un'idea del modello di società feudale, una visione dinamica e drammatica dello scontro tra le due società e dello sviluppo della nuova classe borghese. In questa ricostruzione dinamica c'è posto anche per le grandi personalità, le quali si vedranno però in rapporto dialettico con gli elementi strutturali della società. Come si vede, un tipo di ricerca come quella esemplificata pone l'esigenza di far acquisire ai ragazzi i concetti di «classe», «classe dirigente», «classe subalterna», «sviluppo economico». Si tratta solo di verificare (e solo la sperimentazione potrà fornire le risposte decisive) fino a qual punto i ragazzi potranno acquisire questi concetti nel corso della scuola primaria.

Comunque, lo sforzo di collegarsi al presente e di scavare in profondità, puntando sui concetti piuttosto che sul volume di notizie da ritenere, implica un «decongestionamento» dell'insegnamento storico. Si è parlato addirittura di prendere la «ramazza», cioè di far piazza pulita di tutto ciò che non è essenziale. Perché, del resto, preoccuparsi di coprire con la ricerca tutto il campo della storia umana, dalle fasi preistoriche fino al presidente Saragat? Il fatto che oggi esiste la scuola dell'obbligo, e che lo studio della storia possa essere distribuito in otto anni invece che in cinque, deve togliere agli educatori ogni preoccupazione quantitativa.

A questo punto è però in evidenza un problema: se la ricerca storica parte dalla necessità di comprendere gli aspetti tipici, essenziali, della civiltà di oggi, bisognerà compiere uno sforzo per precisare quali siano, per noi, questi aspetti. Lo sforzo di riflessione e di studio intorno ai concetti fondamentali, unificatori, della storia (cioè della civiltà contemporanea) non si è potuto compiere, naturalmente, in questo convegno, e dovrebbe costituire un impegno del MCE. Dovremmo a questo scopo elaborare e lanciare un referendum, per chiedere a tutti gli amici quali aspetti o momenti della storia si prestino meglio, secondo la loro esperienza, a cogliere i concetti fondamentali che riguardano i rapporti tra gli uomini (rapporti economico-sociali, politici) e il rapporto uomo-natura (capacità dell'uomo di modificare l'ambiente mediante l'invenzione di utensili e macchine e l'utilizzazione delle forze presenti nell'ambiente stesso). Si tratta anche di verificare quali aspetti della storia siano più graditi e padroneggiabili dai ragazzi.

C'è stato poi un interrogativo: approfondire alcune linee di sviluppo, sia sociale che tecnologico, oppure fermarsi a ricostruire il quadro o il modello di certe civiltà?

Si è risposto che, in base al problema di partenza, possono essere ricostruite (specie all'inizio dello studio storico) alcune linee di sviluppo. Ma queste non debbono consistere in un allineamento verticale dei dati, che comporta il pericolo di concepire la storia umana come un progresso continuo, armonico, idillico, o il pericolo di isolare un fattore (quello delle conquiste tecnologiche, ad esempio) da tutti gli altri elementi interagenti. La modificazione del rapporto uomo-natura tramite le conquiste tecnico-scientifiche (che han permesso di utilizzare le energie ambientali) non può scindersi mai da un quadro più vasto, cioè dai rapporti sociali e dal modo di produzione che caratterizzano un'epoca o un determinato modello di società. Così, il fatto che in tutta l'età antica (ad esempio) il progresso tecnico-scientifico abbia un certo ristagno non va attribuito alla incapacità degli uomini di fare scoperte e invenzioni (si pensi ad Archimede si pensi a Erone che progettò un interessante «organo a vento» e una macchina a reazione...). Queste e altre intuizioni geniali non vennero sviluppate e sfruttate in quanto era largamente disponibile la forza-lavoro degli schiavi. La spiegazione, naturalmente, non è così semplice, ma serve a dare un'idea di un rapporto costante tra diversi aspetti della storia. Per cui, sarà necessario concentrare la ricerca su alcuni quadri e modelli sociali, identificando tutti quegli elementi essenziali che entrano nel quadro storico e individuando nei limiti del possibile le relazioni intercorrenti tra gli elementi stessi. Accanto ad alcune linee verticali, dunque, anche dei quadri (diciamo) orizzontali (e questa considerazione ci porta anche ad accennare ad un tipo di rappresentazione grafica già sperimentata, cioè alla fascia storica rappresentata da un gran foglio in cui il tempo scorreva dall'alto verso il basso; il foglio era suddiviso in strisce, in ciascuna delle quali era preso in considerazione un aspetto: clima, flora e fauna, attività economica, tecnologica, abitazioni, riscaldamento e illuminazione, comunicazioni e trasporti, armi, ecc., fino agli aspetti culturali).

Seguendo una linea di sviluppo, può accadere di riempire

una striscia o fascia verticale; ma è importante anche riempire una «fascia orizzontale», cioè vedere tutti gli aspetti nello stesso periodo, nello stesso quadro. Si ha in tal modo, dal punto di vista della rappresentazione grafica, una intersecazione delle fasce. Ne risulterà un quadro generale in cui alcune fasce, orizzontali o verticali, sono complete, e altre no; rimarranno caselle vuote; ma abbiamo già detto che non deve preoccuparci. Il ragazzo non ama le generalizzazioni; nell'indagine storica egli mira al particolare, alla concretezza, alla ricostruzione la più viva possibile di un quadro storico. Si deve quindi scavare in profondità più che in estensione; colti gli elementi essenziali, strutturali, di un quadro, dobbiamo renderlo vivo, colorito e dinamico situando in questo l'azione drammatica degli uomini, cogliendo il rapporto interessante (propostoci dal professor Quazza) tra il ruolo della personalità e gli elementi strutturali di un certo periodo storico.

Ricostruire un periodo significa reperirne i dati attraverso le fonti, che vanno esaminate, comparate, vagliate criticamente; significa dedurre e scrivere la sintesi; significa poi inserire anche il lavoro manuale in questa ricostruzione; ma dobbiamo guardarci ad esempio dalla illusione di imitare i primitivi cercando di fabbricare utensili simili a loro, la qual cosa è impossibile, dato che dal punto di vista delle capacità di manipolazione vi è stato un nettissimo regresso (se pensiamo un momento agli aghi, agli affilatissimi rasoi di ossidiana, alla perfezione dei bulini dei trapani e via dicendo). In questi casi, meglio la finzione drammatica. Ma il lavoro manuale si può inserire in altro senso. Se parliamo della scoperta della vela, o della utilizzazione della forza dell'acqua, o della storia del volo, possiamo benissimo costruire modellini d'imbarcazioni, ruote ad acqua, aerei, mongolfiere, non con la pretesa di fare come han fatto gli antichi, ma al fine di far comprendere al ragazzo i concetti che stanno alla base di queste conquiste (è questo, tra l'altro, un modo di collegare lo studio scientifico con quello storico). Che risulterà alla fine del quinquennio elementare o, meglio, che ne dovrebbe risultare? Un insieme di concetti articolati per cui si può intendere molto meglio il presente, la civiltà di oggi; una serie di conoscenze che non abbraccino tutto il campo del passato, ma sono «organiche»; un abito critico alla ricerca, alla valutazione dei documenti, alla scoperta di connessioni, alla sintesi (per quanto questa è possibile). A questo si deve aggiungere la capacità di comunicare i risultati mediante gli scritti monografici dei ragazzi, la serie di diapositive, la documentazione che si mette a disposizione degli «altri». Si potrebbe pensare anche a un lavoro congiunto di diverse classi sugli stessi argomenti, ad una progettazione che comporti divisione di compiti tra le classi medesime, e quindi la necessità di elaborare comuni concetti e criteri di ricerca, e un linguaggio comune.

Si è parlato in ultimo della documentazione da apprestare, vale a dire della collana monografica che il Movimento di Cooperazione Educativa dovrebbe realizzare tra breve (dato che non tutto può venire dalla indagine diretta).

Quale dev'essere il carattere di una monografia storica? Non quello di offrire una sintesi: il ragazzo non deve «leggere una ricerca», ma trovare il materiale per la «sua» ricerca. La monografia deve offrire una serie di dati e documenti (i più importanti, i meno reperibili), ma offre anche una serie di spunti, di indicazioni per l'allargamento della ricerca (indicazioni su dove è possibile osservare un certo documento, uno scavo archeologico, una qualsiasi testimonianza; indicazioni di fonti bibliografiche, ecc,). In questo senso la monografia deve presentarsi come non conclusiva, come «attivizzante» e dinamica.

XI
Per l'educazione estetica[18]

Fra i problemi pedagogico-didattici che noi siamo andati dibattendo in questi ultimi anni, pochissima attenzione è stata dedicata, mi sembra, alle attività espressive in generale, e in particolare alla pittura. Nessuno può dire che il posto da assegnarsi all'attività espressiva, nel quadro unitario delle attività della classe, sia stato sufficientemente analizzato e precisato. Il solo aspetto di questa attività che trovi una collocazione «organica» nel contesto delle nostre tecniche (o, meglio, della nostra «tecnica educativa») è costituito dalla espressione linguistica, vale a dire dal testo libero, orale e scritto. Il disegno e la pittura, e talvolta la drammatizzazione (altre tecniche espressive sono nelle nostre classi soltanto casuali), sono praticate come attività «aggiunte», che soddisfano certe esigenze del fanciullo e danno tutto un tono vivace, caldo e vibrante all'ambiente comunitario. Ma niente di più. Tanto è vero che, col passar degli anni, il tempo e l'interesse dedicati (dai fanciulli e dal maestro) alle attività espressive di carattere non linguistico diminuiscono progressivamente. Si può obiettare che a un determinato momento dell'età evolutiva (in generale verso i 10 anni) si verifica nei ragazzi una crisi bene individuata dalla psicologia, per cui i fanciulli tendono a considerare le cose nella loro esterna oggettività e s'interessano essenzialmente del mondo «di fuori». Mentre prima dipingevano solo quel che sentivano dentro, le loro «immagini eidetiche» (così definisce il Read i soggetti della pittura infantile), e magari non sapevano e non volevano adeguarsi alla realtà esteriore, ora tendono a descrivere le cose come sono visivamente percepite, nelle loro esatte proporzioni. L'ideale è una perfetta riproduzione, la più fotografica possibile. Naturalmente, in questo intento i ragazzi non possono non

---

18 Da «Cooperazione Educativa», 1961, 9.

fallire: ecco lo scoraggiamento, il disinteresse, la crisi. Il ragazzo non dipinge più o, se lo fa dietro stimoli, la sua pittura è piatta, sciolta, inespressiva: in molti casi non si esprimerà: in molti casi non si esprimerà più in avvenire con linee e colori. E allora, viene da domandarsi se il tempo impiegato nelle attività espressive (non linguistiche) non sia stato sprecato, o se avrebbe potuto avere una migliore destinazione.

Vi è da considerare inoltre che uno dei criteri fondamentali, che caratterizzano ogni attività educativa, è quello della continuità. Un abito un'acquisizione, sono considerati educativamente validi e positivi, se aprono prospettive nuove, se costituiscono elementi che possono progressivamente inserirsi in sintesi sempre più ampie e ricche, se comunque entrano a far parte di strutture permanenti della personalità. Ora, da questo punto di vista, ciò che si estingue e non ha uno sviluppo, o di cui non si vede continuità (nel caso nostro, determinate attività espressive infantili) sarebbe perciò di dubbia validità pedagogica.

A questa conclusione (puramente «interlocutoria», dialettica) si oppongono innanzitutto alcune obiezioni più semplici. In primo luogo, tutti coloro che sanno quale importanza abbia, specie nelle prime classi, il clima comunitario, l'atmosfera favorevole alla comunicazione gioiosa, all'apertura e alla manifestazione di se stessi, già possono giustificare il posto dato in tutto questo alla pittura e alle altre attività espressive come fattori essenziali in questo clima. In secondo luogo, non è detto che tutto ciò che estingue non debba considerarsi positivo, o di minore positività. Anche il gioco infantile, infatti, declina a un determinato momento dell'età evolutiva: eppure nessuno può negare il fondamentale apporto educativo del gioco, in cui si esplicano e si consolidano numerose attitudini e capacità (sensorio-motrici, immaginative, sociali, ecc.) e in cui si compie un serio adattamento alla realtà, come bene ha messo in rilievo il De Bartolomeis. É chiaro che le attitudini e le capacità esercitate e sviluppate dal gioco restano come componenti definitive della personalità, e, in quanto largamente differenziate (aspecifiche), possono esplicarsi in attività diversa dal gioco. Questo, si può affermare (ma è cosa da verificarsi con esattezza) anche per le attività espressive.

Io credo però che queste asserzioni a sostegno della validità educativa delle attività espressive siano sufficienti: o, meglio, penso che non si debba accettare il declino (ad esempio) della pittura verso i 10 anni come un fatto scontato e ineluttabile.

Questa esitazione della espressione figurativa si verifica (diciamo) fatalmente solo se questultima è lasciata alla spontaneità. Intendiamoci: la pittura (parliamo soprattutto di essa) non è mai nelle nostre classi un fatto spontaneo (assolutamente «incondizionato»). Già uno stimolo è dato dalla generale atmosfera di gioco, di comunicazione: poi vi sono delle attrezzature, dei materiali, eventualmente dei prodotti espressivi di altri fanciulli, che costituiscono stimoli potenti: infine, c'è l'invito, l'esempio del maestro. Nel suo dipingere, quindi, il fanciullo è condizionatissimo fin dall'inizio. Vi è da considerare poi l'elementare e indispensabile apporto tecnico dell'insegnante, che riguarda il maneggio dei pennelli e il trattamento dei colori. Dunque, anche in questo settore, la spontaneità intesa come incondizionatezza non esiste mai. Il fatto è, però, che col passar degli anni il maestro generalmente aggiunge poco agli stimoli e agli apporti dati all'inizio. Ci potrà essere qualche ulteriore consiglio (rapsodico), si potrà discutere su qualche quadro prodotto dai ragazzi, ma non si va più in là. Il ragazzo non è aiutato in maniera organica, continuativa, progressiva, specie quando maggiormente ne avrebbe bisogno, cioè al momento della crisi. In questo senso ho parlato di «abbandono alla spontaneità».

Che fare allora?

Io sono convinto che, a parte ciò che si è detto sugli apporti educativamente positivi della pittura nei primi anni di scuola, le attività figurative (e questo discorso vale naturalmente per attività espressive diverse) possano sopravvivere alla «crisi» e svilupparsi a livelli più alti dell'età evolutiva fino a costituire, accanto a quella linguistica, una forma autonoma e originale di espressione, un linguaggio diverso e complementare che offre possibilità differenti per una più completa manifestazione della interiorità umana.

Ciascun giovane del nostro tempo, in definitiva, dovrebbe possedere non solo la capacità di esprimersi con precisione, sincerità e disinvoltura attraverso la lingua, ma anche mediante (poniamo) l'attività drammatica, l'espressione figurativa, musicale e via dicendo. Dovrebbe inoltre essere ben atto a intendere (a rivivere creativamente) ogni espressione altrui. Come raggiungere questa finalità?

Intanto, a mio parere (e sempre scegliendo il momento adatto, vale a dire quando la situazione lo richiede) l'intervento del maestro può farsi più puntuale ed organico. Perché non possono darsi addirittura delle lezioni sulle combinazioni dei colori, sui loro accostamenti? Il mettere accanto due colori rende un effetto di luminosità: il mescolarsi neutralizza e distrugge la luce. Dobbiamo lasciare che il fanciullo scopra da sé questo elemento tecnico? Io direi che ogni apporto del maestro sul piano tecnicostrumentale ha un carattere liberatore. Quindi, si moltiplichino le spiegazioni individuali, ben vengano le vere e proprie lezioni tecniche (quando siano motivate), si rendano permanenti e sistematiche le discussioni intorno alle opere compiute. Così come il testo libero è discusso collettivamente, anche il quadro dev'essere esposto dinanzi alla classe intera per la necessaria valutazione. Invero, la discussione collettiva di un quadro non è senza pericoli, specie quando i ragazzi tendono a denunciare certe sproporzioni («quelle braccia sono troppo corte... mancano gli occhi...»). Sta all'insegnante indirizzare senza tentennamenti la discussione su un binario squisitamente estetico, affinché si valuti non l'adeguatezza delle figure ad una astratta perfezione obiettiva, ma la corrispondenza tra ciò che si voleva esprimere e ciò che il quadro suggerisce. Si voleva esprimere la guerra? Non si guardi perciò se quella casa è troppo grande o piccola, o magari se quel soldato è più grande del cannone o della casa; il quadro suggerisce l'idea della guerra, del combattimento, della lotta, degli scoppi? Ci trasmette la sensazione multicolore, fragorosa, dinamica e terribile della guerra? Se così è, il quadro è riuscito. Tutto questo è molto più semplice a farsi che a dirsi. Può darsi che l'esempio non sia dei più efficaci, ma il criterio da seguire mi sembra evidente.

Ma vi è di più. In qualunque altro settore dell'attività di scuola, a un certo punto ci s'incontra con la cultura. Per quanto riguarda la lingua, ad esempio, si comincia con l'incoraggiare la genuina espressione personale, e con l'approfondirla ed articolare sempre più e meglio. Non si può fare a meno, però di far incontrare il fanciullo col pensiero altrui: non solo con quello dei coetanei, ma con la lingua degli scrittori per l'infanzia, con la lingua dei classici. Questo incontro non deve pregiudicare la schiettezza dell'espressione personale; deve soltanto (e necessariamente) arricchirla di parole, di costrutti, di ritmi nuovi: la cultura deve integrarsi nel linguaggio nativo e nutrirlo di sé senza renderlo artificioso e retorico. Perché questo non può avvenire anche per la pittura?

Nella mia classe, ho iniziato quest'anno, dapprima quasi per gioco, a mostrare ai ragazzi numerose opere di pittori più che altro moderni, dagl'impressionisti agli astrattisti. I ragazzi hanno mostrato una sorprendente capacità d'intendere, in ogni caso, il significato essenziale del quadro, quello che andava al di là dell'apparenza più o meno figurativa dell'opera. I ragazzi cioè coglievano (ad esempio) l'atteggiamento di un personaggio, il suo stato interiore, il tono affettivo ed emotivo (insomma) del quadro. Dinanzi a quadri di più difficile lettura, dal punto di vista della identificazione del contenuto figurativo, i fanciulli (di seconda classe) sapevano sempre cogliere i suggerimenti essenziali. Meglio di qualunque discorso varrà a questo punto un esempio. Un giorno io presentai ai fanciulli il famoso quadro di Rouault *L'angelo custode*. L'opera mostra, in un campo di azzurri che sfumano nel bianco delle nubi e (mi pare) nei rossi del sole, una grande figura umana, alata, dai contorni insieme gravi e morbidamente sfumati, che si piega su alcune figure più piccole in atteggiamento di protezione amorevole. Le figure, sempre trattate con pennellate essenziali che non indulgono mai al particolare anatomico, si raccolgono dolcemente e fiduciosamente intorno all'angelo. Chi conosce la pittura del Rouault sa bene come questa non voglia mai descrivere determinati contenuti con una precisa individuazione, ma suggerisca piuttosto un mondo di affetti. È interessante vedere come i fanciulli hanno saputo, prescindendo dall'individuazione delle figure, cogliere gli essenziali suggerimenti di esse. Ecco alcuni testi dei fanciulli, scritti di getto (dietro mio invito) dopo aver bene osservato il quadro.

Gemelli Gesù che tocca i bambini...
Creati Gesù che guarda i bambini piegando la testa...

Fiorini Una donna con i bambini e le bambine intorno. Sono rifugiati in una grotta. Sono zingari in giro per il mondo; gli fa freddo e stanno riscaldandosi...

Cantini Gesù coi ragazzi e gli dà il pane e loro stanno tutti intorno per prendere il pane. E i ragazzi lo mangiano tutto. Il contorno è celeste chiaro, i capelli li hanno gialli …

Malquori: Un uomo con dei bambini nella grotta e sono stracchi. C'è la luna intorno e ci sono le nuvole e un po' di celeste...

Candelaresi: I marziani sulla luna: il contorno è bello, con colori vivaci. Sono vestiti male, sono a respirare sulla luna con le bombole piene di ossigeno...

Nesi: Gesù coi suoi apostoli, che parlano...

Ceccarelli: C'è un uomo che accarezza una donna: due bambini stanno in ginocchio...

Taddei: Un uomo che è in grotta e accarezza i suoi bambini. La grotta è celeste, un po' verde. Sono vestiti, hanno i calzoni verdicci, e arancioni. Vanno tutti attorno al padre... Il padre a uno gli tocca il capo...

Pettini: Un uomo che ha dei bambini e li accarezza. C'è il sole rosso, ci sono le nuvole. Erano dei bambini che andavano a spasso e quell'uomo li ha incontrati: quei bambini lo hanno salutato e quell'uomo li ha accarezzati dicendogli: «Bravi a salutare un uomo, bravi!».

«Grazie buon uomo!»

«Addio ragazzi ! »

Non è chi non veda come in questo sforzo di «rivivere» le opere altrui, di valutarne nell'insieme e nei particolari, ne viene un gusto interpretativo che non può non riflettersi nella espressione personale.

Questa attività, quindi, che mette a contatto il fanciullo coi grandi, anche nel campo delle arti figurative non può essere ignorata ed elusa, ma deve costituire uno dei migliori strumenti di formazione estetica. E non si dica che, così facendo, influenziamo i ragazzi in determinate direzioni. Che forse i ragazzi vivono sotto una campana di vetro? Non sono colpiti ogni giorno dal cartellone pubblicitario, dal manifesto del cinema, dal fumetto, dalle immagini televisive? Se esiste un condizionamento socio-culturale non educativamente diretto, e spesso pernicioso, non possiamo esimerci dal predisporre stimoli e condizionamenti di carattere positivo. Alle deteriori e piatte influenze extrascolastiche noi contrapponiamo Giotto e Botticelli, Van Gogh e Picasso, Rouault e Klee.

Che poi tutta quest'attività sia difficile da esplicare nel quadro delle strutture di oggi (ambienti, materiali, orari, ecc.), questo è un altro fatto di cui, anche a proposito delle attività espressive, dobbiamo prendere atto: se sviluppiamo fino in fondo le nostre premesse tecnico-pedagogiche ci troviamo a cozzare contro strutture anguste e soffocatrici. Il che significa che una lotta sul piano pedagogico-didattico si trasforma oggi inevitabilmente in una lotta che coinvolge tutto il fronte educativo.

Incontro con la pittura[19]. Quello della pittura infantile, considerata come attività espressiva, è sempre un problema aperto. Si tratta di un particolare aspetto di un problema più vasto: quello, cioè, di aiutare il fanciullo a comunicare, a manifestare se stesso in maniera più ricca, più profonda, attraverso molteplici forme espressive (disegno, collage, mimica, drammatizzazione, modellaggio, ritmica, ecc.) che si affianchi al linguaggio orale e scritto, lo completino e lo suppliscano si tratta di vedere brevemente l'aspetto della educazione estetica, che consiste nell'incontro con l'opera altrui. Il fanciullo non può cavare tutto da se stesso, non è un dio creatore che trae dal nulla tutte le cose. Come accade per l'educazione linguistica, in cui si deve arricchire degli scritti altrui, attingendo al capitale prezioso delle grandi opere, così per la pittura egli deve prender confidenza coi pittori sommi, deve riuscire a intendere e a gustare i loro quadri.

Questa è una necessità. L'ambiente extrascolastico preme sul fanciullo con molteplici stimoli negativi: vi è il cartellone pubblicitario col solito sorriso stereotipato, vi è il i truculento manifesto cinematografico, c'è la figura del fumetto... Tutto concorre ad appiattire il gusto del fanciullo, a renderlo schiavo di clichés standardizzati. Tutto questo limita da un lato le sue possibilità espressive, poiché i clichés imposti dall'ambiente diventano per lui delle forme ideali, nell'impossibilità di realizzare le quali il ragazzo, a un certo punto non vuol più saperne di dipingere. D'altro canto, la pressione dei moduli esteriori negativi pone seri ostacoli allo sviluppo di un gusto per la pittura

---

[19] Da «Didattica di Riforma», 1962,4.

autentica; come potrà un ragazzo, un adolescente dal gusto così deformato dal condizionamento ambientale, avvicinarsi a Van Gogh, a Chagall, a Picasso? Tutt'al più, potrà concepire la pittura come attività «riproduttiva» ed ammirare quegli artisti che riescono a fare le cose uguali a quelle vere.

È chiaro che una scuola viva non può non preoccuparsi di questo aspetto della educazione. E il modo di affrontare il problema, in fondo, è abbastanza semplice: si tratta di presentare ai ragazzi le grandi opere, in molteplici forme. Si presenteranno delle buone stampe abbastanza grandi, o meglio, si proietteranno diapositive o cartoline ingrandite con l'episcopio.

Esperienze didattiche

Peppino Dimattia

All'inizio della professione di maestro ci si può sentire inadeguati, comunque inquieti. Si possono avere "zone d'ombra" nel sapere, lacune nelle tecniche di insegnamento. Ma soprattutto, nel rapporto con i bambini, non si è mai sicuri di avere una identità solida, un'"autorità". Proprio per questo però può essere più facile identificarsi con i loro vissuti e i loro problemi e partorire, in questa incertezza, un sapere più critico e più libero.

Approfondire le tecniche ma anche mettersi in ballo con le emozioni, è stato negli anni l'orizzonte della mia esperienza. Per questo ancora oggi, nella mia libreria di ormai ex maestro, i libri di Bruno Ciari occupano un posto particolare: sono i più sciupati, i più sottolineati, i più annotati. Il suo modo di insegnare ha rappresentato infatti per me un punto di riferimento imprescindibile, il fulcro su cui ho costruito la mia visione educativa. Ritengo una fortuna averli letti e ne consiglio la lettura ai giovani che si accingono a svolgere il ruolo di educatori, ma con un'avvertenza: è possibile, dopo la lettura, aumentare l'inquietudine e l'inadeguatezza.

Si badi: l'inquietudine non nasce dalla scarsità delle sollecitazioni (peraltro abbondanti), quanto dal fatto che educare ad essere semplicemente felici non è buona cosa nel mondo in cui viviamo, nella attuale società "liquida". Questa affermazione può sembrare un po' forte, visto che parliamo di formazione e visto che dobbiamo dare ai bambini il massimo della felicità, ma si spiega con il peso che comporta aiutarli ad avere e a scoprire la fiducia in se stessi, e il lavoro che occorre per costruire un ambiente che dia felicità, leggerezza, condivisione. Solo se si è stati felici, infatti, si può odiare l'infelicità e rendersi conto di quanto sia pesante ogni costruzione. Da alunni è possibile non essere stati felici, ma da maestri è necessario seguire un percorso fatto di tappe in opposizione a quello che si è provati da piccoli.

Spesso, troppo spesso (lo dico con grande dispiacere) i bambini intervistati in tv rispondono che a loro la scuola non piace. Per forza! Non è un luogo di vita reale e pulsante ma sa di finzione. È una bolla dentro la quale galleggiano gli adulti più o meno condizionati da riti e rituali e i bambini che continuamente cercano di farla scoppiare con le loro dita e intelligenze puntute. Puntare alla felicità del bambino significa invece far dissolvere quella bolla e mettere in atto un meccanismo affettivo: un meccanismo semplice che può rappresentare la cornice entro cui inserire teorie, tecniche, saperi, valori, atteggiamenti. Per fare questo bisogna, come insegna Bruno Ciari, superare la falsa dicotomia tra riflessioni teoriche e pratiche didattiche, contenuti e metodo. Ma bisogna soprattutto, ancorare le pratiche educative ai bisogni del bambino, e, cosa ancor più difficile, realizzare il connubio uomo/maestro all'interno del quale le "tecniche didattiche" vengono intese come espressione di rapporti emozionali e insieme di relazioni psicologiche e antropologiche. E bisogna fare questo non attraverso una dichiarazione di intenti, ma attraverso la concreta applicazione nella comunità di classe all'interno della quale maestro e alunni modificano il proprio modo di essere, operare e crescere.

Per più di trent'anni ho cercato di tradurre questo ideale in azione; del resto, mettere al centro l'individualità e la personalità infantile, cercare di far raggiungere l'autonomia e la capacità di ogni bambino di camminare con il proprio ritmo e con il proprio stile, consolidarlo nella solidarietà e nella cooperazione, è stato anche il mio contributo politico alla democrazia *(do you remember Dewey?)*. Ogni giorno, per più di trent'anni, ho cercato di costruire, da maestro artigiano, una classe e una scuola come "bottega" di fantasia e cultura, attenta alla valorizzazione della lingua e della cultura di origine di ciascuno, aperta al territorio, attiva nel potenziare l'insegnamento scientifico ed ecologico, solidale nel rapporto sistemico con il vivente. Ogni giorno perciò sono andato a scuola con la convinzione di svolgere un'attività più o meno volontaria, di grande creatività e, perché no, di divertimento. E ogni giorno ho trovato appassionante, assieme ai bambini, rappresentare il mondo ma anche a giocare a immaginare il mondo.

Ogni giorno però ho dovuto fare uno sforzo: di non cadere nella *routine,* di non ripetermi, di realizzare sempre "opere prime" ma soprattutto, di essere sempre, il più possibile, sincero. I bambini ci guardano. A loro non piacciono i comizianti. Un maestro che si dimostra insincero - è questo un altro grande insegnamento di Bruno Ciari - non può promuovere abiti di sincerità e schiettezza; un maestro che manca ai propri impegni e ogni istante urla e sbraita, mettendo a rischio le coronarie, non può educare a non parlare troppo forte e ad essere responsabili. Il maestro deve essere sempre sincero, e non accampare scuse quando non sa qualcosa (anche perché i bambini, come dice ancora Bruno Ciari, "non si perdono nel bosco delle parole..."). Anzi, la propria incertezza apre la ricerca della spiegazione assieme agli alunni. E sottolineo "insieme agli alunni" senza retorica, ma con l'esperienza di chi ha appreso che quasi tutto ciò che il bambino non può capire non merita di essere insegnato, e che il maestro deve studiare tanto per capire i modi di vedere, di ragionare e di interpretare il mondo visto dai bambini.

La percezione di questo modo di vedere il mondo non può fermarsi solo alla classe, alla scuola. Sono stato, con questa convinzione e per questo, un "maestro di strada", un maestro a tempo pieno. Non solo per le molte ore passate a casa a preparare il materiale e a ripassare le esperienze della mattinata a scuola. Ma per le visite a casa dei miei alunni, quelli con problemi familiari e che frequentavano a singhiozzo, quelli che aspettavo e convincevo ad andare insieme a scuola (anche se poi mi dicevano che la frequenza si riduceva ancora di più perché, alla scuola media, "non viene nessun insegnante a chiamarmi per andare a scuola ma vengono solo i vigili..."). Un fare non per sentirsi appartenente ad una chiesa o ad una setta di iniziati compiaciuti della loro purezza ma per capire di più, per essere più consapevole, della loro realtà, dei loro errori, dei loro desideri, della loro lunga strada.

Su questa strada, nonostante i conflitti con la burocrazia e con l'autorità, ho trovato nella scuola il mio personale luogo di felicità. Non sentendo lo scarto fra le mie esigenze culturali, comunicative ed espressive e i diversi modi di conoscere e di socializzare dei bambini, ma anzi identificando l'interesse dei bambini con la "vocazione" a portare avanti la mia esistenza e la mia ricerca, non dovendo avere timore di portare in classe la mia personalità, la mia inadeguatezza, i miei gusti, le mie preferenze estetiche, ma anzi trovando nel mio modo di pormi come maestro il mio stile di uomo; comportandomi, insomma, come un bravo zio che sta con i nipoti perché vuole starci, e che con loro fa attività interessanti (come andare in bicicletta, per esempio, come strumento di conoscenze matematiche con i suoi cambi e rapporti e come attività praticata *"en plei air")* ho potuto vivere la scuola come centralina di ricchezza e di senso. Certo, non mi sono fatto cannibalizzare, ho coltivato interessi intellettuali, espressivi e di svago, esterni, invitando i bambini a fare lo stesso, a essere attenti al territorio e al contesto.

Oggi sono in pensione, quasi forzata, indignato dalla marea di controriforme che si sta abbattendo sulla scuola. E oggi mi chiedo, di fronte a modelli così "scuolacentrici", di fronte a impostazioni didattiche esageratamente tassonomiche, di fronte al curricolarismo e al tecnicismo di stampo anglosassone, se ho fatto bene. Se è ancora attuale una visione pedagogica per cui il bambino ha in sé i germi del come apprendere. Una visione che ritiene che l'insegnamento è vita, è cambiamento sociale ed esistenziale nel momento in cui maestro e alunno sono insieme soggetto e oggetto di apprendimento. Una visione che pratica la coerenza tra uomo e maestro, tra teoria pedagogica e prassi didattica, tra tecniche e valori, tra processo e prodotto, tra il fare e l'essere. Una visione che coniuga sempre l'educazione e la democrazia.

La risposta, per quanto controcorrente, non può che essere ancora e più che mai, affermativa. E questo libro ripubblicato di Bruno Ciari me ne dà conferma.

Liliana Vernole

1. *La putè du prisce*

1973. Con un gruppo di amici, nonché compagni, costituito da insegnanti di ogni tipo di scuola, ci incontravamo ogni sera in un gelido locale di un paese di provincia, pomposamente chiamato "Centro Culturale della CGIL- Scuola". Parlavamo, naturalmente, soprattutto di scuola e di come cambiarla. Su un punto eravamo tutti d'accordo: nel rifiuto totale di una scuola autoritaria, discriminante, selettiva. Avevamo appena concluso un'indagine sull'abbandono scolastico nella fascia dell'obbligo. Inchieste, tabelle, dati che ci avevano alla fine confermato che l'evasione scolastica era conseguente a indifferenza da parte delle famiglie, a situazioni di povertà e di marginalità sociale, ma soprattutto a forme di discriminazioni create *nella* scuola, come per esempio, la repressione del dialetto, la scelta socialmente discriminatoria tra le due lingue straniere (l'inglese per le classi alte, il francese per il popolo), per arrivare fino alle bocciature o alle classi differenziali, vere e proprie classi ghetto in cui si concentravano i cosiddetti bambini "ciucci". A queste si aggiungeva la recente proposta di introdurre nelle scuole servizi socio-psico-pedagogici: un'ulteriore tecnica della marginalizzazione, una tecnica più raffinata e più difficile da smascherare nei suoi moventi, tanto più pericolosa in quanto portatrice nel Mezzogiorno di una doppia violenza: quella propria e quella "coloniale" derivatagli dalla sua applicazione ad un tessuto culturale, il tessuto agricolo-pastorale della società meridionale, che aveva ancora valori non dispersi della solidarietà, valori endogeni di recupero delle personalità.

L'indagine sull'evasione dell'obbligo e la battaglia contro l'introduzione dello psicologo a scuola (con la conseguente deresponsabilizzazione del maestro) ci aveva messo in contatto con alcuni gruppi del MCE nazionale che avevano lo stesso atteggiamento critico contro l'equipe socio-psico-pedagogica e contro gli "esperti" psicologi. Ciò aveva rappresentato un vero e proprio momento di crescita, un salto di qualità, perché aveva modificato il nostro atteggiamento di fondo rispetto all'"oggetto".

Partiti inizialmente con il proposito di sapere il numero degli abbandoni e delle evasioni, strada facendo ci eravamo accorti che l'oggetto non si poteva conoscere se non modificandolo e modificando il nostro atteggiamento rispetto ad esso. Cosicché alla fine il fuoco dell'indagine si trasferì su noi stessi e sulla nostra capacità di connettere il nostro intervento di operatori scolastici a un'azione tesa a rimuovere le cause strutturali dell'evasione scolastica. Questa decisione costituì la ragione della costituzione del gruppo MCE della nostra città e fu alla base sia del corso regionale MCE su *"Ricerca d'ambiente e libera espressione"* (1976), sia della successiva attività estiva della *"Putè du prisce"*, attività finanziata e fortemente voluta dall'Amministrazione comunale di sinistra.

Il corso - in cui fu inserito un dibattito sul tempo pieno con Fiorenzo Alfieri che allora era Assessore alla Pubblica Istruzione del Comune di Torino - avrebbe dovuto verificare sul campo la validità delle ipotesi contenute nell'indagine ma si deve dire che almeno su questo terreno fallì per la parte preponderante che in esso presero le tecniche dell'animazione. Un fatto, e non di poco conto, potette essere verificato tramite l'animazione, che cioè in quella attività libera dai condizionamenti potevano essere riassorbiti anche bambini carichi di difficoltà psicomotorie e carenti nelle strutture percettive: proprio questi bambini, nelle libere attività espressive, manifestarono oltre alla presa di coscienza degli aspetti negativi vissuti nella loro realtà scolastica, una propria proposta, un proprio "progetto" di modificazione. L'animazione inoltre ebbe un effetto estremamente liberatorio nei confronti degli stessi insegnanti, sottoposti ad una specie di decondizionamento ideologico e comportamentale. Ciò diede al corso un carattere spettacolare (quaranta insegnanti MCE che si gettano per le vie e per le piazze di una cittadina di trentamila abitanti fanno chiasso!). Il che costituì un grosso fatto non solo per il locale gruppo MCE ma per la comunità tutta insieme. Si allargarono così le nostre potenzialità di reclutamento con nuove adesioni al gruppo da parte di operatori non scolastici.

Il gruppo allargato organizzò così la nuova attività. Con l'aiuto di alcuni animatori formatisi nei corsi svolti dall'Umanitaria di Puglia con il coordinamento di Giuliano Scabbia, o nei corsi MCE coordinati da Franco Passatore e Andrea Canevaro, conducemmo - per ben quindici giorni - un'esperienza di attività di libera espressione con bambini e ragazzi all'interno di un parco cittadino, la "pineta". Qui creammo spazi per attività di drammatizzazione teatrale, per giornalini, con utilizzazione del ciclostile e del limografo, di testi liberi, disegno libero e pittura, burattini e pupazzi. Ogni giorno i partecipanti potevano "giocare" nelle putè du prisce (la bottega del divertimento) come fu chiamato il luogo ove si svolgeva l'animazione e dove si riviveva la quotidianità di ciascuno. Per gioco-lavoro, ispirato ai grandi temi del vissuto e della realtà (il quartiere, la scuola, l'acqua, la famiglia, la città) e organizzato per gruppi, per favorire la cooperazione e la dimensione comunitaria nel processo di apprendimento creativo, non esistevano testi prefissati né ruoli fissi. Si trattava di una proposta fatta ai ragazzi, ma poi man mano anche agli adulti, di giocare spontaneamente il proprio teatro di vita con una possibilità continua di interscambio dei ruoli e delle situazioni, in un tentativo di ricostruzione di senso della realtà circostante.

2. *Il postino a scuola*

La *putè du prisce* cambiò per molti versi il modo di far politica nella mia città, indirizzando la "sinistra" verso le proposte dell'effimero che venivano dalle "Estati romane" di Renato Nicolini, ma cambiò anche il mio modo di fare scuola. Maestra democratica, comunista di formazione, divenni una maestra MCE.

Fino ad allora avevo frequentato diligentemente i corsi di aggiornamento Ministeriale, corsi settoriali, che parlavano di segmenti disciplinari separati (la lingua, la matematica, le scienze), e che, soprattutto riproponevano la stessa struttura cattedratica della scuola; l'aggiornatore (pedagogista in rarissimi casi, più in generale un ispettore o un direttore scolastico) e il maestro che ascoltava passivamente, assentendo con la testa. Il primo corso nazionale MCE a cui partecipai, ad Ariccia, nel 1976, fu invece un vero shock. Non c'erano lezioni ma lavori di gruppo in cui ognuno, all'interno di una disposizione a cerchio, parlava della sua esperienza educativa e anche, a volte, del suo vissuto esistenziale. A fianco a me si era seduto un maestro che parlava in modo tenero e straordinario della sua esperienza: scoprii più tardi che era Mario Lodi. Ortensia Mele, con cui negli anni successivi ho scambiato molte lettere, chiedeva ad ognuno di "pensare con il corpo", di riflettere innanzitutto sui propri sogni, desideri, paure, fantasmi, immagini. Giorgio Testa, allora direttore di *Cooperazione educativa* ma anche stravagante autore di *"Parole crociate"*, ci sollecitava a parlare, per spiegarci la capacità di ascoltare. Antonio di Lucca (non ricordo il cognome) ci fece salire sulle sedie per vedere un'altra prospettiva della realtà (ed era prima de *L' attimo fuggente!)*.

In tutti i gruppi di lavoro ricorreva il nome di Bruno Ciari, per la matematica vivente, per il suo invito a portare a scuola la natura, per l'importanza data al disegno e alla pittura (più ancora che alla fotografia), attività in cui si privilegia la memoria e la fantasia sulla funzione meccanica e sulla riproduzione della realtà "così com'è" (invito che mi faceva ricordare il mio alunno Lino che in prima dipingeva il sole a volte nero a volte azzurro e che mi faceva litigare con le altre maestre che lo costringevano a fare il sole giallo, a prescindere dal suo stato d'animo e dal suo bisogno). Ciari era famoso anche per aver inventato la "tecnica" della corrispondenza, di cui avevo a lungo parlato con un insegnante meridionale (Tonia di Ceglie) che insegnava al Nord, a Nonantola, vicino Modena. Il progetto era di mettere in contatto epistolare i rispettivi alunni.

Un vero e proprio entusiasmo accoglieva il postino quando arrivava in classe con il suo pacco delle lettere. Un entusiasmo che durò tutti i cinque anni, durante i quali i bambini si erano scambiati prima scarabocchi, poi parole e poi anche fotografie, disegni, cassette con le voci registrate, testi liberi, racconti inventati, canti popolari dei rispettivi paesi, canti di lavoro, quei canti che purtroppo hanno patito l'incursione consumistica, canti, affiancati a nenie e filastrocche, recuperati nell'ambito del mondo contadino locale, che rappresentavano e denunziavano una stessa realtà, come testimonianza di soprusi, di umiliazioni, di dolori patiti, di piccole gioie quotidiane, di feste patronali. Momenti di crescita, di coinvolgimento, di comunicazione in cui si mettevano a fuoco le esperienze personali che erano rivissute da parte di ciascun gruppo e all'interno delle quali ognuno faceva uno sforzo a superare la propria difficoltà ad esprimersi, nella certezza che si stava raccontando a qualcuno che ci presta ascolto, conferma e consenso.

Un posto speciale fra le cose scambiate durante la corrispondenza lo ebbero i giornalini di classe. Ricordo, in particolare, i giornalini riguardanti la storia scambiati tra le due quinte. Da Modena ci mandarono un giornalino il cui titolo era *"Marcello Sidinolfi partigiano per la libertà"*. Il lavoro era stato svolto in occasione della celebrazione del 25 aprile e conteneva una lunga intervista fatta dai bambini a un partigiano locale. Egli dapprima appariva come un eroe, un personaggio mitico, ma poi, via via, come qualcosa di più. Il partigiano aveva infatti parlato non di lotte e battaglie ma del suo vissuto, della sua infanzia, dei suoi giochi, della famìglia, del suo lavoro di muratore, di quella scuola che aveva aiutato a costruire e che aveva potuto frequentare solo fino a undici anni, della marcia noiosa durante le adunate fasciste e della insopportabile divisa da balilla, rivelandosi sotto un profilo umano che rendeva la resistenza viva, al di fuori della amplificazione retorica, come un insieme di valori reali quali la liberazione dal bisogno, la libertà, la tensione ideale che, come diceva la maestra citando Ferruccio Farri, "deve arricchire sempre il fondo morale del futuro cittadino e insegnargli a guardare più in alto della partita di calcio".

3. *I nonni e la fiaba*

Il nostro giornalino si chiamava invece *"Ieri e oggi"*. Prima di farlo avevamo invitato in classe quattro nonni perché ci parlassero della loro vita. Raccontavano del lavoro, della vendemmia, della festa di matrimonio, degli eventi della Grande Storia che li avevano attraversati (la guerra, per esempio, o le ingiustizie). Anche il cibo era fonte di ricordi: il pane, i dolci, l'ammazzamento del maiale. Tra i racconti emergeva un filo comune: il lavoro era molto faticoso, erano molto poveri, la scuola era un lusso per pochi (solo qualcuno più fortunato frequentava fino a sette anni), i giocattoli se li facevano da soli, anche se avevano poco tempo per giocare. Le famiglie erano tutte numerose. I miei alunni si erano però appassionati soprattutto ai fatti immaginari raccontati dai nonni: avevano riso quando nonno Pasquale aveva raccontato del *"munacidde"*, lo gnomo briccone che appare la notte per fare i dispetti, per intrecciare i capelli o le code dei cavalli; avevano gioito durante il racconto di nonno Antonio che descriveva il falò del pupazzo Giovanni durante il carnevale; avevano ascoltato rapiti nonno Domenico che raccontava la leggenda del brigante Carmine Crocco a cui avevano fatto mangiare i figli; avevano chiesto a nonna Rosa di raccontare più volte la fiaba di " *Caterinetta"* che andava nel *"riddare"* (la cantina) e trovava una pentola d'oro.

Nonna Rosa fu ispiratrice del mio lavoro quell'anno e poi per molti anni. La fiaba diventò per me e per i miei alunni uno strumento di lavoro quotidiano, utile per la storia, per la lingua, per la pittura, per il gioco o il riposo. Con i miei alunni ascoltammo tutte le nonne e i nonni e raccogliemmo tutte le loro fiabe, poi le disegnammo, le drammatizzammo, le mettemmo in struttura nelle carte di Propp. Studiammo e trascrivemmo le espressioni più vive in dialetto, confrontandole con l'italiano. Inventammo nuove fiabe, prendendo a prestito i personaggi dei miti: Narciso, Prometeo, Dafne trasformata in alloro, Proserpina che beveva il melograno, divenivano reali a fianco di Cenerentola e Maria la Pellegrina, il Drago a sette teste e Prezzemolina. Fu insomma un'esperienza totale che arricchivo con tante letture - a cominciare da *Il mondo incantato* di Bettelheim sull'uso didattico delle fiabe - e che riportai nel Convegno nazionale del MCE che si tenne a Ostuni nel 1983, un Convegno organizzato all'interno della tematica sulle tradizioni popolari affrontata dal gruppo nazionale di Antropologia. Un Convegno che rimarcò "la diffusa esigenza di creare un contesto educativo in cui emergesse l'espressione profonda dei bisogni dell'immaginario attraverso le grandi metafore e i simboli presenti nelle fiabe" perché, attraverso le fiabe, potevano avviarsi una serie di percorsi praticabili nell'ambiente linguistico, gestuale, espressivo, e perché attraverso le fiabe si ricomponeva "l'approccio soggettivo all'immaginario, l'immaginario soggettivo, in compresenza del pensiero razionale che consente la comunicazione e l'espandersi del pensiero creativo".

Il forte interesse per la fiaba investì tutto il gruppo locale dell'MCE. Il gruppo che, come ho detto, era nato sul terreno dell'animazione e aveva coinvolto anche operatori sociali che non agivano all'interno della scuola, trovò nella fiaba una nuova coesione e un grande coinvolgimento. Riprendemmo a vederci la sera per raccontarci le fiabe come intorno ad un ideale caminetto: non per piangerci addosso ma per mettere a punto uno strumento di lavoro collettivo. Tentavamo, attraverso il difficile attraversamento di un labirinto intricato, di un prodotto insolito e un po' stravagante, di trovare ancora una volta risposte educative ma anche risposte che si immergevano nella politica. Ci sentivamo a disagio, il "disagio della civiltà", e come l'Eroe della fiaba che si trova spaesato, si sente a disagio e si mette in marcia verso la città per trovare il luogo del proprio consistere, ci mettevamo in marcia, chiedendoci come mai l'immaginazione creativa, che tanto spazio ha nell'anima delle persone, potesse essere così ignorata dalla scuola. E ci chiedevamo come fare per ritrovarla, quali aperture erano possibili per essa attraverso il magico, il ludico, il gestuale.

4. *Il vulcano Paracutin (L'immaginario e la scienza)*

L'immaginario piaceva a noi adulti e piaceva sempre più ai miei alunni, ai bambini. Le storie, le fiabe, le credenze, li affascinavano. Il mondo magico era il loro mondo. L'immaginario era la strada maestra per appassionarli alla storia ma anche alla scienza e alla lettura. L'immaginario cioè era di raccordo interdisciplinare fra le materie.

Esemplare in questo senso fu la ricerca su un vulcano, *Paracutin* fatta negli ultimi anni del mio insegnamento, con la giovane collega del tempo pieno. Partimmo dalla lettura di un brano in cui si descriveva la "nascita" del vulcano, avvenuta in Messico nel 1943, di fronte a due contadini esterrefatti che lavoravano nel campo i quali avevano sentito il calore della terra e avevano visto crescere prima una piccola collina, poi una montagna e poi l'eruzione. Ai bambini chiesi dapprima di associare le loro emozioni o i loro ricordi alle singole parole del brano: associazioni che rivelarono soprattutto le loro paure e tristezze (Onofrio per esempio, mi disse, di associare alla parola "improvvisamente" la morte del padre, e Rosa collegò alla parola "foresta" l'assenza di acqua e di vita). Poi chiesi ai bambini di esprimere attraverso un testo (scritto o disegnato o cantato) delle ipotesi sulla nascita del vulcano. Le ipotesi furono tutte fantastiche: da quella di Angelo che immaginava che un vulcano fosse nato lì, in classe, a quella di Nicoletta che si identificava con la pietra prigioniera del vulcano, a quella di Angela che aveva personificato il vulcano in un antico dio e che ci aveva dato il pretesto per raccogliere miti e leggende sulle origini dei vulcani, a cominciare dai vulcani italiani come lo Stromboli e il Vesuvio, dove facemmo anche una gita scolastica preceduta da uno studio sulla conoscenza geografica del territorio e seguita da un questionario dove chiedevamo alla gente come mai, nonostante il pericolo, continuasse e vivere in quel posto (questionario che mi dette il pretesto per dare un po' di "istruzioni" sull'ecologia e sull'identità). Fra queste leggende ci colpì in particolare quella riportata da Platone che diceva che il fuoco dei vulcani era causato dallo straripare di un fiume di fuoco che attraversava l'interno della terra e che poi si gettava nel Tartaro (mondo dei morti). Ciò fece da introduzione alla ricerca propriamente scientifica, portata avanti saccheggiando i libri di geologia della nostra biblioteca.

L'esperienza durò un intero anno e toccò tutte le materie, dalla matematica (grafici, tabelle, quantificazione dei dati), alla geografia, dalla storia alla lingua, al disegno, alla drammatizzazione, fino ad un timido approccio all'educazione sessuale (Paracutin nacque perché... io sono nato perché...). Essa fu possibile perché c'era il tempo pieno, ovvero un tempo disteso che non parcellizzava le materie, che non frammentava le attività, che non interrompeva i momenti "magici" di ascolto o di gioco o di creatività. Come avvenne poi invece con l'istituzione dei moduli dove insegnai per un anno, con tristezza, affrettando la pensione, perché la struttura (divisa in tre maestre, per ore separate, con funzioni diverse) vanificava ogni impostazione cooperativistica e interdisciplinare. E solidaristica!

La maestra di strada

L'eredità di Bruno Ciari in un ricordo di Giuseppina Boccasile

In questa società in cui proliferano i luoghi rumorosi, la frantumazione, la ricerca del piacere subito, si è spalancata la porta all'aridità, al cinismo, alla competitività, alla violenza. La realtà viene sommersa per il piacere di un momento, i ragazzi non vengono aiutati a crescere e a esprimere adeguatamente le proprie potenzialità relazionali per conseguire la crescita individuale e la formazione sociale. Gli insegnanti dovrebbero avere maggiore capacità di osservazione e una adeguata documentazione di questi problemi. La scuola tutta dovrebbe ascoltare e "guardare" i ragazzi e interpretare il loro mondo di provenienza e la loro capacità relazionale. Nell'ambito dell'autonomia, deve poter fare ipotesi di intervento adeguato alle singole situazioni e proporre analisi, verifiche, valutazioni e comunicazione. La scuola è la agenzia più titolata per dare risposte ideali e concrete affinché gli alunni prendano coscienza del proprio io, possano riconoscere l'altro e costruire il noi e diventare comunità interagente cooperativa. Bruno Ciari ha indicato la strada per la costruzione della *comunità cooperativa.* Quella strada oggi va percorsa con mezzi e strumenti diversi, ma con gli stessi obiettivi. Continua ad essere efficace innanzitutto *il senso della scientificità,* la necessità di far acquisire agli alunni il valore della ricerca e della costruzione scientifica collettiva. Bruno Ciari si rivolgeva alla scuola di una società ben definita, nella quale la famiglia e gli individui godevano il tempo della lentezza, l'apertura ai problemi dei singoli membri e impostava con rigore gli interventi. A scuola arrivavano alunni che, a parte i bisogni differenziati, avevano già ricevuto esperienza di vita relazionale nella famiglia. Era facile per gli insegnanti comunicare pratiche educative idonee a far acquisire il senso scientifico della *costruzione* del sé in relazione agli altri.

La mia esperienza di maestra

Nella mia esperienza di maestra fu importante l'eredità di Bruno Ciari che acquistò valore quando andai a insegnare in una scuola di periferia di una città meridionale. In questa scuola l'unico spazio a disposizione era una camera in una palazzina con un solo piano che disponeva di cinque camere di proprietà della parrocchia. Gli alunni erano presenti in aula dalle 7 del mattino sino alle 16, orario in cui rientrava la mamma con al collo l'ultimo nato e carica di borse per la spesa quotidiana per preparare un pasto caldo per tutti. Eravamo al Quartiere CEP, nato negli anni '60 per "deportare" molte famiglie della città vecchia di Bari. I ragazzi si aggregavano fra loro, pattugliavano le strade, diventavano gruppi omogenei. La scuola, quando la frequentavano, era aggredita da questi gruppi costituiti e se non si impegnava a far scoprire a ciascuno il proprio potenziale relazionale, diventava vittima del loro modello copiato nella strada. Compito della scuola, a mio parere, era invece quello di demolire il loro modello di riferimento, fondato su pratiche di gruppo aggressive, per far emergere il loro potenziale individuale. La pratica più efficace che mi venne in mente, proprio suggerita da Bruno Ciari, fu quella di usare con loro il "testo libero", una modalità di libera scrittura che dava ad ognuno la possibilità di diventare autore della propria narrazione. In classe poi, tutti insieme, si leggevano le loro" storie di vita":

Francesco scriveva: *mia mamma ha nascosto i soldi nelle lenzuola, la mattina quando ha rifatto il letto, ha sbattuto le lenzuola sul balcone e tutti i soldi sono volati via. Era disperata.*

Luigino scriveva: *in una camera con quattro letti ci sono 8 fratelli e il più piccolo dorme nel cassetto del comò. Stamattina è successo che mio fratello Grande ha chiuso il cassetto e ha lasciato il piccolo dentro. Io ho sentito piangere l'ho preso e l'ho portato subito fuori all'aria perché sembrava che non respirava più. Ora sta bene.*

Nicolino non scriveva, si era arrampicato ai bus ed era caduto. I compagni raccontavano che era stato portato al Policlinico con l'Ambulanza. Decido di andare a fargli visita in ospedale, gli occhi gli brillavano ed era molto emozionato poi mi ha detto: "*maestra devi dire al dottore di tenermi ancora un po' in questo ospedale perché qui mi lavano, mi fanno mangiare quattro volte al giorno, sto al caldo*". Nessuno della sua famiglia era stato a visitarlo. Tutti questi testi, ricchi di storie di vita, furono consegnati al Sindaco e all'Assessore alla Pubblica Istruzione del Comune di Bari i quali, commossi, ci fecero pervenire tanto materiale di cancelleria compresa la creta e ci promisero il loro impegno per fare i servizi necessari nel quartiere. Così si scoprì che Francesco era abile nel modellare e produceva ottimi vasellami. Si decise di fare una buca nella terra per mettere i vasi a cuocere, poi fare un fuoco con la paglia e ricoprire tutto di terra. I vasi erano cotti. Queste espressioni libere dei ragazzi abbellirono la scuola che non fu più aggredita, ma protetta. Era diventata la *loro* scuola, piccola ma creata da loro. Questi ragazzi diffusero nel quartiere la loro esperienza e molti ragazzi volevano venire nella nostra classe. Anche quelli delle classi delle maestre che avevano paura di loro, si arrampicavano sul pluviale per raggiungere l'aula. A quel punto ebbi paura che si potesse verificare un infortunio e ne parlai con il Direttore Didattico Leonardo Mancino. Decidemmo di convocare le colleghe e di dare una nuova organizzazione alla scuola che coinvolgesse tutte. Il Direttore, uomo di grande cultura scrittore e poeta, conoscitore della pedagogia popolare di Bruno Ciari e di Celestine Freinet, fu abile nel presentare il nuovo progetto organizzativo fondato su classi aperte e funzionanti per gruppi. In breve le colleghe, constatata la serenità conquistata, si dissero interessate anche ad una lettura collettiva di testi di Bruno Ciari, Mario lodi e Celestine Freinet. Così dalla classe comunità diventammo *scuola comunità*. Questa esperienza si era diffusa nel territorio e molte associazioni culturali e del territorio si erano aggregate per far richiesta del tempo pieno in tutte le scuole del quartiere. Non si trattava di aggiungere attività alla scuola del mattino, ma di fare con lentezza, pazienza e gioia, le varie attività didattiche.

Finito di stampare in Italia
nel mese di marzo 2023
per conto della nuova **PALOMAR**
Casa Editrice - Bari -